HOT-SPOTS

Prachtvolle Wächterin Mallorcas:
Die Kathedrale La Seu über dem
Hafen und der Altstadt von Palma

EIN STÜCK *PARADIES* FÜR ALLE

Robert Pölzer,
Chefredakteur
BUNTE

„Wenn du das Paradies erträgst, dann komm nach Mallorca!" Das wohl schönste Kompliment an diese magische Mittelmeer-Insel stammt von der US-Schriftstellerin Getrude Stein, die ihrem Kollegen, dem Briten Robert Graves, mit diesen Worten einen Umzug auf diese Sonneninsel empfohlen haben soll. Das war in den 20er-Jahren des letzten Jahrhunderts, und seitdem wuchs die Liebe der Welt zu diesem 3,6 Quadratkilometer großen Fleckchen Erde ins Unermeßliche: Ob Stars wie Brad Pitt, Michael Douglas, Claudia Schiffer, Helene Fischer, Bastian Schweinsteiger oder die spanische Königsfamilie, ob reiche Yacht-und Fincabesitzer oder Pauschaltouristen, ob Partyanimals oder Ruhesuchende, ob Gourmets oder Vogelkundler, ob Künstler oder Lebenskünstler – Mallorca umarmt und umgarnt sie alle, mit naturgegebener Schönheit und mediterraner Lässigkeit. Ein mystischer Kraft-Ort, der alle Sehnsüchte zu stillen vermag.

Da Mallorca immer schon Lieblings-Ort der Society aus Showbiz, Mode, Kunst, Wirtschaft und Adel war, kennt das BUNTE-Team die Insel aus Insider-Perpektive: die coolsten (Tapas-)Bars, die verschwiegensten Hideaways, die neuesten Restaurants, die Geheimtipps der VIPs.

Nach unseren erfolgreichen Städte-Guides „Top 100 München" und „Top 100 Berlin" öffneten wir abermals für diesen Mallorca-Guide das große Notizbuch der Redaktion, um mit Ihnen, liebe Leserinnen und Leser, den Schatz unserer Recherchen zu teilen.

Mallorca aus BUNTE-Sicht, 100 Hot-Spots, neue Ansichten und Geschichten, mal schrill, mal still, viele persönliche Tipps und Entdeckungen – und noch mehr Herzblut.

Ich wünsche Ihnen viel Vergnügen beim Lesen und Reisen!

Das **BUNTE TOP 100 Siegel** wird exklusiv von der Redaktion BUNTE vergeben. Alle in diesem Buch vorgestellten Hot-Spots sind qualifiziert, das BUNTE-Siegel zu tragen. Das Siegel ist für jeden Hot-Spot eine ganz besondere Auszeichnung, für Kunden, Gäste und Besucher ein wertvoller Service, sich in der Vielzahl von Angeboten zurechtzufinden.

Inhalt

MALLORCA *VON A-Z*

12
Eine Liebeserklärung

100 HOT-SPOTS AUF MALLORCA

18
ME *gusta!*
Von gemütlich bis Gourmet – unsere Restaurantliste

32
HERRLICH *(aus-)schlafen*
Die charmantesten Hotels für jedes Budget

46
MEHR *Meer!*
Malerische Strände, verschwiegene Buchten, coole Beach-Clubs

60
INSEL-*Shopping*
Unsere Lieblings-Stores

74
WACH DURCH *die Nacht*
Zehn Tipps zum Chillen und Feiern

88
MALLORCA *erleben*
Ausflüge an die Küste oder ins Landesinnere

100
HÄPPCHENWEISE *Glück*
Die besten Tapasbars

114
VIP-*Watching*
Hier tummelt sich die Society!

128
HURRA, *es regnet!*
Unsere Tipps, wenn der Strandtag ins Wasser fällt

142
MALLORCA *hautnah*
Eine Rundreise, um die Insel zu verstehen

HOT-SPOTS *NACH FERIEN-REGIONEN*

157 Palma
159 Der Südwesten & das Tramuntana-Gebirge
160 Der Norden & Nordosten
161 Der Süden & das Landesinnere

INFORMATIONEN *& ALLGEMEINES*

164 Praktisches und Nützliches
170 Bildnachweis
171 Impressum
172 Notizen

Traumhaft liegt die CALA DE POR-
TALS VELLS im Südwesten, wegen
ihrer drei Strände auch „Drei-Finger-
Bucht" genannt. Am kleinsten
filmten 1967 Anthony Quinn, Can-
dice Bergen und Michael Caine
„El Mago" („Teuflische Spiele").
Seitdem heißt der Strand Platja
del Mago – es ist ein FFK-Strand

MALLORCA
VON A-Z

DIE MITTELMEERINSEL ERFÜLLT ALLE SEHNSÜCHTE: 300 TAGE SONNE IM JAHR, TÜRKISFARBENE BUCHTEN, FANTASTISCHE RESTAURANTS UND EINE KOSMOPOLI-TISCHE HAUPTSTADT VOLLER FLAIR UND GESCHICHTE. DUMM IST NUR: MAN WILL NIE WIEDER WEG

Eine Straßenbahn auf Mallorca: Die TRANVÍA DE SÓLLER führt vorbei an der Kirche SAN BARTOLOMÉ über die Plaça Constitució nach Port de Sóller

ANDRATX

Nicht zu verwechseln mit Port Andratx: Während die verwinkelten Gassen und alten Steinhäuser in Andratx mit dem Charme eines Bergdorfs verzaubern, ist der nur fünf Kilometer entfernte Hafen Treffpunkt für die Yacht-Society. Die schicken Cafés und Bars, Restaurants und Shops lieben Touristen wie Prominente.

BALEAREN

Baliarides, Steinschleuderer, wurden die Insel-Bewohner vor über 2000 Jahren genannt. Dank ihrer ausgefeilten Wurftechnik durchschlugen ihre Steine und Eisengeschosse die härteste Rüstung, was sie zu begehrten Söldnern machte. Sie unterstützten Hannibal gegen die Römer und gaben der Inselgruppe ihren Namen.

CAN

Überall begegnen einem diese drei Buchstaben, viele Häuser tragen das Wort „can" oder „ca'n" im Namen. Es ist das zusammengeschnurrte „casa d'en", was übersetzt „das Haus von" bedeutet. Ähnlich verhält es sich mit dem allgegenwärtigen „son": Aus dem mallorquinischen „ço és d'en" wurde „son", was einfach „das ist von" heißt.

DÜNEN

Es könnte auch Rügen sein, dieses idyllische Fleckchen bei Son Serra de Marina – mit den auf Mallorca so raren Sanddünen. Der Strandabschnitt in der Bucht von Alcúdia steht unter Naturschutz, hier wachsen Strandlilien, Schminkwurz und Wacholder.

ENSAÏMADES

Die in Schmalz gebackenen Teigschnecken sind das, was ein Croissant für den Franzosen ist: ein perfekter Start in den Tag. Es gibt sie ungefüllt oder mit Creme, und es wird hitzig diskutiert, wer die Besten backt (wie das Café Ca'n Joan de s'Aigo, Seite 136). Besonders lecker schmecken sie zu einer Tasse dickflüssiger heißer Schokolade.

FLYNN, ERROL

Die Hollywoodlegende („Der Herr der sieben Meere") landete während eines Sturms 1950 mit seiner Segelyacht „Zaca" auf Mallorca und verliebte sich in die Insel. Fünf Jahre später zog er hin – von den legendären Partys auf der „Zaca" mit Marlene Dietrich, John Wayne und Rita Hayworth erzählen die Einheimischen heute noch (Seite 35).

GOURMET

Mallorca hat längst den Titel „Gourmet-Insel" verdient: Acht Restaurants haben einen Michelin-Stern, das Zaranda (Seite 23) sogar zwei. Auch ohne die Auszeichnung wird oft auf Sterne-Niveau gekocht. Tipp: Mittags bieten viele dekorierte Köche Drei-Gang-Menüs für unter 30 Euro an.

HÖHLEN

Mystisch, fast unwirklich sind die Coves del Drac, die Drachenhöhlen – für Jules Verne die schönsten Höhlen der Welt. Spätestens wenn über dem unterirdischen See Boote gleiten und ein Kammerorchester Offenbachs „Barcarole" spielt, greift jeder nach dem Taschentuch.

INSTAGRAM

Wer nach den besten Fotomotiven sucht, kann sich von Instagram inspirieren lassen. Auf google einfach #mallorca, #mallorcawelove, #majorca oder #mallorcaparadise eingeben – traumhaft!

JUNÍPER SERRA

Der Franziskanermönch, 1713 in Petra geboren, gründete in Kalifornien 21 Missionsstationen, darunter Los Angeles, Santa Barbara, San Diego und San Francisco. Er nahm auf seine Reise ein paar Mandelbäume mit – die kalifornischen Mandeln sind also streng genommen mallorquinische…

KATHEDRALE

La Seu, katalanisch für „Bischofssitz", nennen Mallorquiner ihr Wahrzeichen, die Kathedrale Santa Maria in Palma. Jaume I., der die Mauren von Mallorca vertrieb, legte 1230 den Grundstein. Jedes Jahr am 2. Februar und 11. November malt die aufgehende Sonne gegen acht Uhr eine „Licht-Acht" unter die Glas-Rosette am Eingangsportal.

LUDWIG SALVATOR

Ein früher Fan der Insel war der österreichische Erzherzog (1847-1915): Er erstand elf Landgüter an der Westküste, das S'Estaca schenkte er seiner Geliebten Catalina Homar. Der aktuelle Besitzer Michael Douglas will es seit Jahren verkaufen – zum Schnäppchenpreis von 28,5 Millionen Euro.

MÖNCHSGEIER

Atemberaubend: Die Vögel mit einer Flügelspanne von fast drei Metern sieht man mit etwas Glück bei Wanderungen durch das Tramuntana-Gebirge. Mallorca ist weltweit der letzte Ort, an dem die Tiere überlebt haben und wieder ausgesiedelt werden.

NADAL, RAFAEL

Nationalheld der Insel. Der ehemalige Weltranglistenerste im Tennis stammt aus Manacor, wo seine Familie ein Geschäft für Fensterglas betreibt. Sein Museum Xperience im Ort ist hochspannend!

ORANGENEXPRESS

Von Sóller nach Port de Sóller fährt seit über 100 Jahren eine Straßenbahn – die „Orangenexpress" genannte Tranvía de Sóller. Die 4,8 Kilometer lange Strecke führt durch Orangenplantagen: Mehr als 50 000 Bäume wachsen hier.

PA AMB OLI

An diese katalanische Spezialität kann man sich gewöhnen: Das salzlose Graubrot wird mit Olivenöl und Ramallet-Tomaten eingerieben und dann nach Lust und Laune belegt (oder einfach so gegessen).

QUESO

Spanisch für „Käse". Nur noch rund zehn Käsereien gibt es auf Mallorca, eine der bekanntesten ist die Formatges Burguera in Campos. Bei Inca produziert der Landwirt Antoni Seguí Llomparts Käse, dessen Milch seine seltenen roten Schafe liefern. Am besten beim Bauernmarkt oder im Agromart kaufen, die direkt vom Hersteller beziehen.

Rey

Spanisch für „König". Staatsoberhaupt Felipe verbringt mit Ehefrau Letizia und den Töchtern traditionell die Sommerferien im Marivent-Palast in Palma. Wenn die Royals nicht da sind, kann man in den Parkanlagen spazierengehen.

Sprache

Kompliziert: Katalanisch ist neben Kastilisch (dem Spanisch, das wir im Sprachkurs lernen) Amtssprache. Viele Bewohner sprechen auch Mallorquinisch, einen Dialekt des Katalanischen, der dem Südfranzösischen ähnelt.

Tramuntana

Schon mancher Wanderer war überrascht, dass das Tramuntana-Gebirge es durchaus mit alpinen Bergen aufnehmen kann. 54 der Gipfel sind über 1000 Meter hoch, der Puig Major erhebt sich auf 1445 Meter.

U-Bahn

Kein Scherz: In Palma gibt es seit 2007 eine U-Bahn. Sie hat nur zwei Linien, eine davon führt zur Universität. Kurz nach der Eröffnung wurde sie durch Regenfälle überschwemmt, sodass sie monatelang ausfiel.

Vino

Spanisch für „Wein". Auch Mallorca hat seine Weinstraßen: Rund 70 Bodegas, so nennt man die Weingüter, gibt es auf der Insel. Binissalem gilt als Weinhauptstadt, eine der schönsten Weinrouten verbindet den Ort mit Santa Maria del Camí, Consell, Sencelles und Santa Eugènia.

Winter

Wenn es in Deutschland schneit, kann man auf Mallorca oft in der Sonne sitzen – gerade die erste Januarwoche beschert regelmäßig Traumwetter. Vorsicht, wenn man eine Ferienwohnung mietet: Richtig warm wird es selten, und ein Steinfußboden verlangt nach warmen Pantoffeln.

Xaloc

Katalanisch für den Scirocco-Wind, der im Sommer Feuchtigkeit und den feinen, roten Sand aus Marokko über der Insel verteilt, und im Winter sintflutartige Regengüsse niederprasseln lässt.

Yoga

Om am Meer und in den Bergen: Mallorca ist voller Kraftorte wie dem Kloster Lluc, dem Felsen Sa Foradada oder der Gegend nördlich von Artà. Ideal, um bei einem der vielen Yoga-Retreats Energie zu tanken.

Zitronenverbene

Sowie Orangenblätter, Wacholder, Myrte, Minze, Mandarinenblüte und Fenchelkraut: Der grüne Kräuterschnaps Hierbas, einst von Mönchen als Medizin gemischt, besteht aus mindestens sieben mallorquinischen Kräutern. Salud!

Das bedeuten unsere Sterne:

5 Sterne ★★★★★	Sehr hochpreisig
4 Sterne ★★★★☆	Teuer, aber bezahlbar
3 Sterne ★★★☆☆	Super Preis/Leistung
2 Sterne ★★☆☆☆	Günstig
1 Sterne ★☆☆☆☆	Fast geschenkt

An der Promenade am PORT DE SÓLLER hat man die Wahl: Tapas und einen Wein im Restaurant oder lieber ein Eis und einen kleinen Milchkaffee, der hier Cortado heißt. Immer dabei sind Orangen, denn Sóller liegt im Orangental .

BAR

TAPAS y ENTRA[...]

- PIMIENTOS PADRON
- CROQUETAS JAMON
  ESPINACAS
- CALAMAR ROMANA
- CHIPIRONES FRITOS
- BOQUERON FRITO
- FRITO MALLORQUIN
- FRITO DE MARISCO
- GAMBAS AL AJILLO
- PULPO A LA GALLEGA
- ALMEJAS MARINERA
- RACION DE JAMON IBE.   12,
- RACION DE QUESO MALL.   15,9
- GAZPACHO ANDALUZ   12,

TORTILLAS
- TORTILLA ESP[...]

ME *gusta!**

Von gemütlich bis Gourmet – unsere Restaurantliste

EHRENWORT: SO KÖSTLICH WIE AUF MALLORCA WERDEN SIE KAUM WOANDERS ESSEN.
Leicht und lecker, ausgefallen und überraschend – und oft so präsentiert, als säßen Sie im edlen Sternerestaurant. Woran man sich gewöhnen muss, sind die späten Öffnungszeiten. Aber dann können Sie schwelgen! Unser Tipp: Zum Lunch ins Restaurant gehen, denn da bieten selbst Sterne köche ihre Menüs zum Mini-Preis an

* Das schmeckt mir!

So lässig, dass es auch
eine Surferbude sein könnte

SURFER-
GLÜCK

1

THE DUKE

Bilder von Wellen und Beachboys, Surfboards an den Wänden und
eine kalifornisch-mallorquinische Speisekarte mit asiatischem
Touch. Besitzer und Chefkoch Ronny Portulidis kennt die Bauern,
Metzger und Fischer, die ihm seine frischen Lebensmittel liefern,
persönlich. Und wieso Duke? So hieß der hawaiianische Begründer
des Wellenreitens, Duke Kahanamoku (1890-1968), an den hier
alles erinnert. Lässig sind auch die Gäste: Viele Segler und Yach-
ties, deren Boote im nahen Hafen liegen, sind Stammgäste.

The Duke
Carrer Soler 36, Palma
Mo-Sa 13-16, 19.30-23 Uhr
Preise: ★★☆☆☆
www.dukepalma.com

Wie Gemälde sehen
die Kreationen von
Sternekoch ADRIÁN
QUETGLAS aus

ADRIÁN QUETGLAS

Aufgewachsen in Buenos Aires bei seinem mallorquinischen Vater und den
Großeltern, liebte Adrián Quetglas schon
als kleiner Junge die traditionelle Mallor-
ca-Küche, die mit der argentinischen
verschmolz. Die Erinnerungen daran und
die späteren Erfahrungen in Restaurants
von Paris bis Moskau, führten zu einem
Michelin-Stern und seinem Motto: „Ich
möchte die Haute Cuisine demokratisie-
ren." Das gelingt ihm: Mittags kostet das
Fünf-Gang-Menü 33 Euro, das sieben-
gängige Abendmenü 50 Euro.

Adrián Quetglas
Passeig de Mallorca 20, Palma
Di-Sa 13-15.30, 20-22.30 Uhr
Preise: ★★★☆☆
www.adrianquetglas.com

DEMOKRATIE
AUF DEM TELLER 2

CANELA

Ein ehemaliger Delikatessenladen verwandelte sich in ein kleines Restaurant, in dem der Mallorquiner Fabian Fuster am Herd steht und sich seine Frau Irene Rigo um die Gäste kümmert. Viele Gäste kommen mittags aus den umliegenden Büros und Geschäften, und auch abends trifft man überwiegend Einheimische. Was oft verpönt ist, wird hier ausdrücklich gewünscht: Die köstlichen Gerichte laden zum Teilen ein und wer einen Tisch am „Chef's Table" reserviert, kommt in den Genuss, Fabian beim Kochen zuzuschauen.

Canela
Carrer de Sant Jaume 13,
Palma / Di-Sa 13.30-15.30,
19.30-23 Uhr
Preise: ★★★☆☆
www.canelapalma.com

HERZLICHES
TEAMWORK

3

Kleines Restaurant, große Kochkunst

KUNST-
GESCHICHTEN

4

NURU

Das Nuru kann man guten Gewissens als Gesamtkunstwerk bezeichnen: An den Wänden Gemälde des spanischen Hollywood-Schauspielers Jordi Mollà („Knight and Day"), auf den Tellern Zaubereien aus Zutaten, die frisch vom Santa-Catalina-Markt nebenan kommen, und von Zeit zu Zeit Livekonzerte von R&B-Legenden wie George McCrae („Rock Your Baby"). Dass die Gäste strahlen, könnte auch am originellen Namen liegen. Nuru kommt aus dem afrikanischen Suaheli und bedeutet Licht, Lebenskraft und Neubeginn. Was auch Stars wie Penélope Cruz und Ehemann Javier Bardem, die hier gern vorbeischauen, bestens gefällt.

Nuru / Carrer d'Anníbal 11, Palma
Mo, Di, Do-Sa
13-15.30, 19-23 Uhr
Preise: ★★★★☆
www.nuru.restaurant

Bloß nicht vorbeigehen!
Das NURU liegt mitten im
Santa-Catalina-Viertel

LA BODEGUILLA

Mehr als 300 verschiedene Weine haben die Brüder Antonio und Javier Calzada im Angebot, und wer ein Glas davon bestellt, bekommt auf einer Art Tropfenfänger den Namen zur Erinnerung (und zum Nachkaufen) dazu. Es gibt natürlich auch feste Nahrung, die preislich eher weiter oben angesiedelt ist, aber unvergesslich schmeckt. Eine Besonderheit für ein spanisches, holzgetäfeltes Traditions-Restaurant (die Brüder haben es in den 1990er-Jahren vom Vater übernommen) sind die herzlichen Bedienungen, die ausnahmslos von den Philippinen stammen.

Qual der Wahl: Mehr als 300 Weine werden hier angeboten

FAMILY BUSINESS

La Bodeguilla
Carrer de Sant Jaume 3, Palma
Tgl. 13-22.30 Uhr
Preise: ★★★★☆ / www.la-bodeguilla.com

SALICORNIA

AUSZEIT *AM MEER*

Mehr vom Meer: Im SALICORNIA erfrischt schon das Interieur

Kräftiges Türkis, sattes Blau und Gischt-Weiß sind die Farben, die dem Salicornia maritimen Charme geben. Hier möchte man stundenlang mit der Familie und Freunden sitzen und aufs Wasser hinausschauen. Kein Problem, denn das Restaurant hat den ganzen Tag geöffnet, und zwischendurch kann man kurz ins Meer springen, um sich abzukühlen. Toll auch für einen Cocktail als Sundowner! Oder man bucht gleich eines der luftigen Zimmer im Hotel Honucai, zu dem das Restauant gehört.

Salicornia / Carrer Gabriel Roca 55, Colònia de Sant Jordi / Tgl. 11-23 Uhr
Preise: ★★★★☆ / www.salicorniarestaurant.com

ZARANDA

Ein Essen im Zaranda ist besonders: Nicht nur, weil das Restaurant im atemberaubenden Hotel Castell Son Claret das einzige der Balearen ist, das sich mit zwei Sternen schmücken kann, sondern auch wegen der entspannten Atmosphäre. Manche Gäste verlassen das Hotel oberhalb von Port d'Andratx gar nicht, weil Küchengott Fernando P. Arellano so himmlische Gerichte mit Namen wie „Die Goldreise" oder „Taube Paris-Dakar 1. Etappe" serviert. Michael Douglas und Orlando Bloom sind begeisterte Fans.

Zaranda im Hotel Castell Son Claret / Carretera Es Capdellà-Galilea, km. 1.7, Es Capdellà / 19.30-22.30 Uhr (März-Jun: Di-Sa, Jul-Aug: Di-So, Nov-Feb geschl.) Preise: ★★★★★
www.zaranda.es

Oh, wie das duftet! „Lamm Berber" heißt das marokkanische Gericht, das Küchenchef Fernando P. Arellano hier serviert

MAGISCHE
MENÜS

Das Schloss aus dem 15. Jahrhundert wurde von Transportunternehmer Klaus-Michael Kühne zum Luxushotel umgebaut

Im FERA ist ein Abend mit Freunden zugleich ein Galeriebesuch: Überall im Restaurant und in der großartigen Bar findet man zeitgenössische Kunst. Gemälde, Fotografien, Skulpturen und Installationen aus der Kunstsammlung von Ivan Levy – wie das Bild des niederländischen Pop-Art-Künstlers Selwyn Senatori „Big City Boys"

UNSER STAR

FERA

Oase unter Bäumen an der Kirche Sant Francesc

QUADRAT

Wer morgens früh auf den Beinen ist und stilvoll frühstücken möchte, findet keinen hübscheren Ort als das Restaurant in den ehemaligen Stallungen eines Stadtpalais. Aber natürlich ist das Quadrat am Platz Sant Francesc vor allem für die mediterrane Küche von Alvar Albaladejo berühmt: Im Garten zu einem leichten Lunch dem Zwitschern der Vögel zu lauschen und ein wenig mit Latino-Star Ricky Martin am Nachbartisch zu plaudern, macht happy für den Rest des Tages.

Quadrat
Plaça de Sant Francesc 5, Palma
Tgl. 7-11, 13-15.30, 19-22.30 Uhr
Preise: ★★★☆☆
www.hotelsantfrancesc.com

FEINES
IM GARTEN

8

Wer einmal hier gegessen hat, kommt immer wieder! Mal für ein Menü, manchmal nur für die außergewöhnlichen Tapas von Küchenstar Simon Petutschnig und einen Sake an der Bar. Sake? Ja: Das Fera hat sechs verschiedene auf der Karte, die perfekt mit den asiatisch inspirierten Geniestreichen harmonieren. Der Österreicher (und Harley-Davidson-Fahrer) hat ein Herz für Vegetarier – vieles für sein köstliches Veggie-Menü wächst im Restaurantgarten.

FERA

Fera / Carrer de la Concepció 4, Palma
Tgl. 13-15, 19-22 Uhr
Preise: ★★★★☆
www.ferapalma.com

Kein Fleisch, sondern ein Tartar aus roter Bete mit Shiso und Nüssen

9

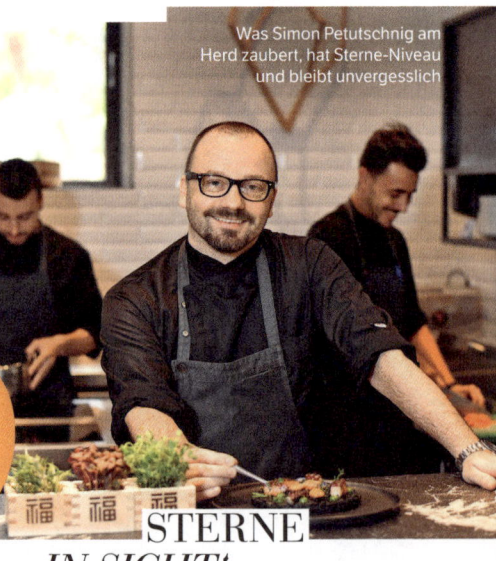

Was Simon Petutschnig am Herd zaubert, hat Sterne-Niveau und bleibt unvergesslich

STERNE
IN SICHT!

MARC FOSH

Zurückhaltende Eleganz umgibt den Gast im Restaurant von MARC FOSH

EIN BRITE IN SPANIEN

Fast zu hübsch zum Essen sind die Gerichte des Sternekochs

Mit Marc Fosh würde man am liebsten einen Abend um die Häuser ziehen, so herzlich und unkompliziert ist der Sternekoch. Und er hat viel zu erzählen: Wie wenig man ihm, dem Engländer, gute Küche zugetraut hatte und wie überrascht viele waren, dass er als erster Brite in Spanien einen Michelin-Stern bekam. Sein elegantes Restaurant ist auch zur Mittagszeit gut besucht, doch für das neungängige „Menü Marc" (89 Euro) muss man abends kommen. Dann schlemmt man mallorquinisches Spanferkel mit Rhabarber und Creme von Salz-Zitronen mit Kirsch-Rosenwasser. Mhmm …

Marc Fosh
Carrer de la Missió 7 a, Palma
Tgl. 13-15, 19.30-22 Uhr
Preise: ★★★☆☆
www.marcfosh.com

10

BUNTE *PROMI-TIPP:*

„Einen Umweg lohnt das La Llonja: Im Port de Pollença erwartet Sie Miguel Salom, der perfekt deutsch spricht. Es liegt direkt am Hafen und serviert internationale Küche, die sich mit allem messen kann."

FRANK ELSTNER
SHOWMASTER

DIE KOCHWERKSTATT

In Valldemossa ist die zur Zeit heißeste Adresse eine ehemalige Autowerkstatt, auf spanisch „Es Taller". In seinem gleichnamigen, lichtdurchfluteten Restaurant kocht der Argentinier Nicolás Aubert „Free Style Cuisine", zu der ihn seine vielen Reisen rund um die Welt inspirieren

Nicht zu übersehen: Das Es Taller von Nicolás Aubert in Valldemossa war früher eine Autowerkstatt

Was verschlägt einen Argentinier nach Mallorca? Ich war vorher bereits zehn Jahre auf Ibiza, doch irgendwann war meine Leidenschaft weg, ich hatte an nichts mehr Freude. Und so begann ich mit dem Klavierspielen. Leider gab es auf Ibiza keine guten Lehrer, auf Mallorca dagegen schon. Also zog ich hierher. Und landete zufällig in Valldemossa, dem Ort, in dem auch Chopin war.

Ein Restaurant in einer Autowerkstatt ist nicht gerade das Naheliegendste… Spanische Restaurants sind häufig sehr dunkel, mein Wunsch war immer ein sonniger und luftiger Ort. Als der Mechaniker in Rente ging, sollte hier ein Supermarkt einziehen. Ich überzeugte die Vermieter, dass ein Restaurant viel besser passt.

Bei Ihnen gibt es marokkanische Gerichte mit mallorquinischem Einfluss, südamerikanische Küche mit Thaigewürzen – ein wilder Mix! Auf meinen Reisen tauche ich immer tief in andere Kulturen ein, auch kulinarisch. Ich bin viel auf Märkten unterwegs und versuche, meine Geschmacksnerven mit Neuem vertraut zu machen. Auf meiner Speisekarte stehen deswegen Kombinationen, die nicht erwartbar sind. Jeder hat doch eine Vorstellung, wenn er an Thaigerichte denkt. Das bringe ich durcheinander. Ich picke mir das Beste aus jedem Kulturkreis heraus, manchmal entstehen neue Gerichte auch zufällig.

Die Spanier essen ja gern sehr spät, bei Ihnen schließt die Küche schon um 22 Uhr. Ich versuche, sie ein bisschen zu erziehen: Kein Mensch, ob Koch oder Kellner, möchte erst um 2 Uhr morgens nach Hause kommen. Von 19 bis 21 Uhr zu essen, ist doch in Ordnung, oder?

Wie entpannen Sie? Ich fahre nach der Arbeit nachts mit meinem Bus an einen der Strände im Norden und schlafe dort. Bei Sonnenaufgang gehe ich ein paar Stunden surfen und tanke Energie. Und ich spiele jeden Tag eine Stunde Klavier.

Es Taller / Carrer de Santiago Russiñol 1, Valldemossa / Di-So 13-15.30, 19-22 Uhr
Preise: ★★★★★
www.estallervalldemossa.com

GENUSS *garantiert*

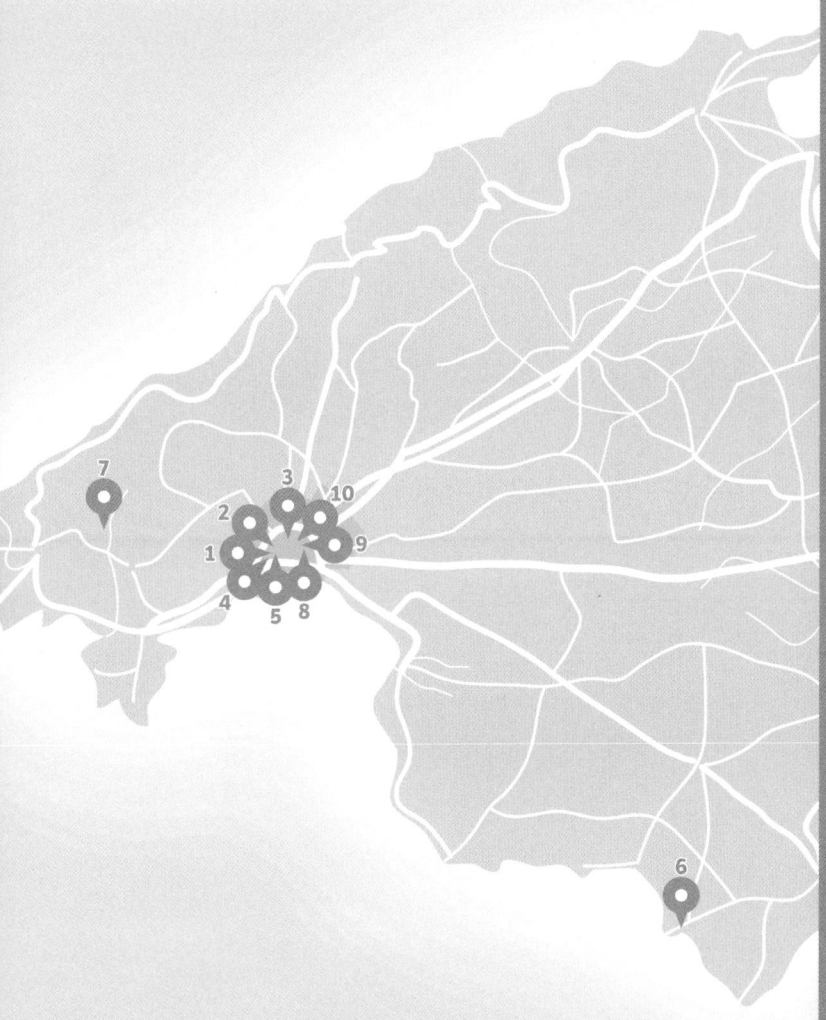

1 THE DUKE Carrer Soler 36, Palma / 2 ADRIÁN QUETGLAS Passeig de Mallorca 20,
Palma / 3 CANELA Carrer de Sant Jaume 13, Palma / 4 NURU Carrer d'Anníbal 11,
Palma / 5 LA BODEGUILLA Carrer de Sant Jaume 3, Palma / 6 SALICORNIA Carrer
Gabriel Roca 55, Colònia de Sant Jordi / 7 ZARANDA Carretera Es Capdellà-Galilea,
km. 1.7, Es Capdellà / 8 QUADRAT Plaça de Sant Francesc 5, Palma / 9 FERA Carrer
de la Concepció 4, Palma / 10 MARC FOSH Carrer de la Missió 7 a, Palma

Wenn der Himmel in allen Nuancen von Zitronengelb bis Rubinrot glüht, scheint die Welt stillzustehen. Fast glaubt man, die Insel habe die spektakulären Sonnenuntergänge gepachtet, denn das Farbenspiel wiederholt sich Abend für Abend. Einfach kurz innehalten und dankbar sein für diesen magischen Moment – wie hier in der LAZY FINCA

HERRLICH

(aus-)schlafen

Die charmantesten Hotels für jedes Budget

JE SCHÖNER, KUSCHELIGER, LUXURIÖSER DAS HOTEL, desto schwerer fällt es, dort nicht den ganzen Tag zu verbringen. Und um es Ihnen noch schwerer zu machen, stellen wir Ihnen hier die charmantesten vor. In Palma eröffneten in den vergangenen Monaten einzigartige Schmuckstücke in ehemaligen Palästen und Privatresidenzen. Wir wünschen anregende Träume!

Mitten in Palmas Altstadt, neben einem über 600 Jahre alten Olivenbaum, liegt das zauberhafte Palais mit 14 Suiten. Überall spürt man das nahe Meer, mal steht ein Surfbrett im Zimmer oder alte Seekarten hängen an den Wänden. Die Farben Mallorcas ziehen sich durch das ganze Haus, vom kühlen Blau der Wellen bishin zum warmen Gelb der Ginsterbüsche – man fühlt sich wie in einer Privatvilla. Und auch kulinarisch beschreitet das Cort neue Pfade mit seiner coolen Raw Bar, die fangfrischen, rohen Fisch anbietet.

CORT

11

Hotel Cort
Plaça de Cort 11, Palma
Preise: ★★★☆☆
www.hotelcort.com

Ein Zimmer wie in einem Strandhaus – und doch mitten in Palma

Die Dachterrasse ist nicht nur zum Sonnen toll, auch frühstücken kann man hier

RENDEZVOUS AM
OLIVENBAUM

CASTILLO HOTEL SON VIDA

12

Ein Ort, an dem sich auch gekrönte Häupter wie zu Hause fühlen

TRAUMBLICK
AUF PALMA

Viele lieben das Grandhotel für die drei Golfplätze, zwischen denen das ehemalige Schloss liegt, andere für die Stille oder ein Dinner auf der Terrasse des Restaurants Es Castell mit Blick auf die Bucht von Palma. Das Luxusresort wird auch „Mallorcas Balkon" genannt. Wertvolle Antiquitäten, Gemälde, edle Stoffe und Teppiche gefallen Hollywoodstars und Royals, die hier einchecken, und manchmal, wie Ana Ivanović, eine Villa in der Nachbarschaft kaufen.

Castillo Hotel Son Vida
Raixa 2, Son Vida bei Palma
Preise: ★★★★★
www.marriott.de

Wohlfühl-Oase: Der großzügige Hotel-Spa wirkt wie ein luxuriöses Beduinenzelt

RETRO-FLAIR
AM MEER

Egal von welchem Liegestuhl: Der Blick aufs Meer ist immer grandios

BONSOL

Über und über mit Palmen, Zypressen und Oleandern ist der Hügel bewachsen, auf dem das Hotel Bonsol schon in dritter Generation geführt wird. Morgens gibt es Yoga, abends nach dem Dinner Livemusik und Flamenco. Man fühlt sich ein wenig wie in einem alten Hollywoodfilm, und tatsächlich traf sich hier ab 1955 viel Prominenz. Errol Flynn, legendärer Mantel- und-Degen-Filmstar, saß oft auf der herrlichen Terrasse. „Als ich acht Jahre alt war, brachte er mir mit einem Schwert vom Flohmarkt das Fechten bei", erzählt Inhaber Martin Xamena. Und strahlt dabei selbst so charmant wie ein Hollywoodstar.

13

Hotel Bonsol
Passeig Illetes 30, Illetes
Preise: ★★★☆☆
www.hotelbonsol.es/de

14 SA VALL

WOHNEN
WIE ZU CHOPINS ZEITEN

Wunderschön für alle, die gern Zeitreisen unternehmen: das Zimmer Orquídea

Nirgendwo leuchten die Sterne heller als hier, in den Tälern des Tramuntana-Gebirges. Sitzt man abends in der Stille des Gartens, umgeben von Mandel- und Orangenbäumen und eingehüllt in den Duft von Lavendel, weiß man, warum Valldemossa ein Energieort ist. Nur sieben Zimmer – alle mit Blumennamen – hat das kleine Hotel, und man fühlt sich wie im 19. Jahrhundert, als Frédéric Chopin und George Sand hier im Kloster weilten. Ein Ort für Romantiker und besonders schön im Frühling, wenn es schon warm genug für den herrlichen Pool inmitten von Bougainvilleas-Sträuchern ist.

Sa Vall
Camí de Son Escanyelles 19, Valldemossa
Preise: ★★☆☆☆ / www.savallhotel.com

HOTEL TRES

Perfekt fürs Frühstück im Bett: Das Tischchen lässt sich rollen

15 DESIGN-*FUSION*

Sehr gelungen: Ein Palast von 1576 und ein Kaufmannshaus aus den 1950-ern gingen eine Design-Ehe ein – und das Resultat ist so gemütlich, dass man am liebsten den ganzen Tag im Bett oder höchstens noch auf der Dachterrasse faulenzen möchte. Wäre schade, schließlich liegt das Petit Palace Hotel Tres mitten in Palmas Ausgehviertel und die nettesten Tapasbars und Restaurants sind nur ein paar Schritte entfernt. Und wer zwischen Sightseeing und Genießen noch kurz ins Meer springen möchte, ist hier ebenfalls richtig: Zum Stadtstrand Ca'n Pere Antoni läuft man nur zehn Minuten.

Petit Palace Hotel Tres
Carrer d'Apuntadors 3, Palma
Preise: ★★★☆☆
www.petitpalace.com

CAN BORDOY **16**

Kaum hat man den stillen Innenhof betreten, scheint der Trubel der Stadt in weite Ferne gerückt. So still ging es hier nicht immer zu – das Can Bordoy war früher eine Schule. Wo damals Latein und Chemie gepaukt wurden, schläft man heute himmlisch und ohne Angst vor der nächsten Matheprüfung. Im Restaurant Botànic kreiert Küchenchef Andrés Benitez leichte Gerichte mit Mandeln, Avocados, Hummus. Wie schön, dass die große Pause an diesem herrlichen Ort nicht mehr endet.

Can Bordoy Grand House & Garden
Forn de la Glòria 14, Palma / Preise: ★★★★☆
www.canbordoy.com

Der Patio am Eingang gibt eine Vorahnung auf den wundervollen Garten

Aus Klassenzimmern wurden klasse Zimmer: eine der 24 Suiten im Can Bordoy

PAUSEN *GENIESSEN*

17

GLÒRIA DE SANT JAUME

Der erste Weg führte früher nach unten: Wo sich jetzt Hotel-Spa und Pool befinden, wurden früher Pferde und Kutschen „geparkt". Bis vor wenigen Jahren war das Hotel noch eine private Residenz, allerdings eine sehr edle: Wie viele Wohnungen verfügen wohl heute noch über einen eigenen Ballsaal? Fast bedauert man ein wenig, dass dieser jetzt in Zimmer verwandelt wurde, doch dieses Gefühl hält nur kurz an. Schließlich ist es einfach schön, unter den imposanten Decken zu erwachen. Auf der Suche nach einem Namen waren sich die neuen Besitzer schnell einig: Glòria bedeutet „Herrlichkeit".

Sanfte Töne und 600 Jahre alte Bodenfliesen

IN ALLER *HERRLICHKEIT*

Glòria de Sant Jaume
Carrer de Sant Jaume 18, Palma
Preise: ★★★★☆
www.gloriasantjaume.com

Der Pool befindet sich dort, wo früher Kutschen parkten

BUNTE *PROMI-TIPP:*

„Das frisch renovierte Lindner Golf Resort in Portals Nous ist ein toller Ort zum Entspannen. Man hat viele Möglichkeiten, gerade mit Kindern ist es richtig schön: Es gibt den Bendiclub, in dem die Kids basteln, toben und planschen können. Das Hotel liegt nur wenige Fahrminuten von Palma entfernt und ganz nah am Hafen Puerto Portals. Ich liebe das Essen von Küchenchef Martin Schattenberg und das sehr freundliche Personal. Auch Golfspieler kommen hier auf ihre Kosten."

FRAUKE LUDOWIG
TV-MODERATORIN

Die Kulisse ist perfekt: Vom Dach des SANT FRANCESC ist die Kathedrale von Palma zu sehen – und gleich nebenan ist auch die Kirche des Heiligen Franziskus zum Greifen nah

UNSER STAR

SANT FRANCESC

18 LAZY FINCA

Wer möchte, schwimmt abends unter den Sternen

DIE SEELE
KOMMT ZUR RUHE

Ganz gechillt: Die Finca liegt mitten in der Natur

SANT FRANCESC

Franz von Assisi (1181-1226) ist Namensgeber dieses eleganten Herrenhauses, man blickt direkt auf das Kloster und die Kirche des Heiligen Franziskus. Alles hier atmet Großzügigkeit: Die 42 Zimmer und Suiten mit den farbenfrohen Fresken an den hohen Decken, die Bar mit den Kunstwerken, in der sich auch die Palmesans, die Bewohner Palmas, gern zum Aperitif treffen, Alvar Albaladejos Restaurant Quadrat und die grenzenlose Aussicht vom Pool. Jetzt wissen wir, wie sich das Paradies auf Erden anfühlt.

Hotel Sant Francesc
Plaça de Sant Francesc 5, Palma / Preise: ★★★★☆
www.hotelsantfrancesc.com

19

Moderne Kunst und kühler Marmor in der Lobby des SANT FRANCESC

KIRCHE &
KUNST

Lazy Finca / Camí de Son Valls 246, Felanitx
Preise: ★★★☆☆ / www.lazy-finca.com

Sundowner gefällig? Claro! Alex mixt an der Bulli-Bar

Lazy, also faul zu sein, tut der Seele manchmal richtig gut! Träumend in der Hängematte liegen, ein paar Runden durch den Pool ziehen und abends mit netten Leuten an der langen Tafel sitzen und eine Paella verputzen – was braucht man mehr? Die Finca mit ihren zwölf Zimmern liegt fernab der Touristenpfade im Südosten. Man kann Mountain- und E-Bikes leihen, Yoga in der Hauskapelle machen, Klettern und Stand Up Paddling lernen oder sich einfach in den Schatten eines Zitronenbaumes setzen und lesen. Für Ausflüge finden sich immer ein paar Gleichgesinnte – und die besten Tipps gibt's gleich dazu.

CAL REIET

Yoga hilft, die Welt aus einer Perspektive zu sehen

BESINNUNG
AUF DAS ECHTE

Gesunde Ernährung steht im CAL REIET an erster Stelle, hier wird rein vegetarisch-vegan gekocht

Hier kommen Körper und Geist in Einklang: Das Cal Reiet ist ein holistisches Resort mit vegetarisch-veganer Küche. Ein Ort der Besinnung, an dem man zu sich selbst findet und in dem neben Yoga- auch Meditations-, Detox- und Achtsamkeits-Retreats stattfinden. Alles in dem mit Naturmaterialien wunderhübsch eingerichteten Haus strahlt Harmonie aus. Wer nicht hier wohnt, kann trotzdem zum Frühstück, Lunch oder Dinner kommen: Auf der Terrasse zu sitzen und tief durchzuatmen, ist Balsam für die Seele.

20

Cal Reiet Holistic Retreat
Carrer de Cal Reiet 80, Santanyí
Preise: ★★★★☆
www.calreiet.com

DER ZAUBER EINER
EIGENEN FINCA

Ob für den Urlaub oder das ganze Leben: Eine Finca ist mehr als nur ein Haus, es ist ein Gefühl. Immobilienunternehmer Christian Völkers hat diese Liebe vor 30 Jahren gepackt

Hasta la Vista heißt diese Finca bei Felanitx. Für 700 Euro pro Nacht bekommt man acht Schlafzimmer (über www.fincallorca.de)

Tramuntana-Gebirge. In dieser traumhaften Lage befindet sich auch mein zweites Zuhause: Son Coll. Mit dem Erwerb dieser über 500 Jahre alten Finca habe ich mir einen Lebenstraum erfüllt. Als ich das Anwesen vor fast 30 Jahren das erste Mal sah, war ich von der Energie überwältigt. Um die Ursprünglichkeit des Herrenhauses zu bewahren, habe ich viel Zeit und Herzblut in die Sanierung investiert. Heute ist Son Coll mein persönlicher Rückzugsort, wo ich entspannen und neue Inspiration finden kann. Umgeben von Olivenhainen und Weinstöcken verbringe ich hier vier Monate im Jahr mit meiner Familie. Wir produzieren Olivenöl, helfen bei der Weinlese, züchten Poloponys und kümmern uns um unsere Hunde, Schafe und Esel. Meine Finca ist für mich der schönste Ort auf der Welt!

Mallorca ist für viele Menschen eine der Traumadressen im Mittelmeerraum. Nichts fängt das Lebensgefühl und die Schönheit der Insel so sehr ein wie die historischen Landhäuser, die hier überall zu finden sind. Im Einklang mit der Natur und unverbaut zeigen sie uns mit ihren Jahrhunderte alten Mauern das ursprüngliche und authentische Mallorca. Besonders begehrt sind die sogenannten Posesiones. Dies sind traditionelle mallorquinische Landgüter, die für lange Zeit fast ausschließlich im Besitz aristokratischer Familien waren. Aufgrund eines Generationswechsels kommen seit einiger Zeit nun vereinzelt Anwesen auf den Markt. Der Großteil der Posesiones liegt im Südwesten der Insel, rund um das

Christian Völkers (Engel & Völkers Immobilien) kennt Mallorcas schönste Fincas

Statt gleich sein eigenes Landhaus zu kaufen, kann man eine Finca auch mieten.
• www.fincallorca.de: über 1000 Fincas im Angebot, meist mit Pool
• www.fincamallorca.de: auch kleine Fincas für Paare, die Romantik suchen
• www.finca-privat.de: für Sportler. Viele Fincas an Radwegen und Golfplätzen

HIMMLISCHE *Oasen*

11 CORT Plaça de Cort 11, Palma / 12 BONSOL Passeig Illetes 30, Illetes / 13 CASTILLO HOTEL SON VIDA Raixa 2, Son Vida bei Palma / 14 SA VALL Camí de Son Escanyelles 19, Valldemossa / 15 HOTEL TRES Carrer d'Apuntadors 3, Palma / 16 CAN BORDOY Forn de la Glòria 14, Palma / 17 GLÒRIA DE SANT JAUME Carrer de Sant Jaume 18, Palma 18 LAZY FINCA Camí de Son Valls 246, Felanitx / 19 SANT FRANCESC Plaça de Sant Francesc 5, Palma / 20 CAL REIET Carrer de Cal Reiet 80, Santanyí

Meine Spuren im Sand: ANN-KATHRIN GÖTZE fühlt sich auf Mallorca fast wie zu Hause. Gemeinsam mit ihrem Mann, Fußballstar Mario Götze, trifft man sie jedes Jahr auf der Insel, meist an der Westküste, wo ihre Eltern leben. Hier, am kleinen Strand von Portals Vells, fotografierte BUNTE sie als süße Hippe-Braut. Das Model liebt „die mediterrane Lässigkeit" der Insel.

MEHR
Meer!

Malerische Strände, verschwiegene Buchten, coole Beach-Clubs

NATÜRLICH KANN MAN NACH MALLORCA FLIEGEN,
nur um zu wandern. Oder Party zu machen. Oder Rad zu fahren.
Doch das wäre schade, denn die Strände sind so einzigartig
schön, dass man sich fragt, warum irgendwer noch in die Karibik
will. Das Wasser schillert in allen Schattierungen von blau bis
türkis, der Sand ist puderweich, die hübschen Strandbars
servieren den Frühaufstehern heißen Kaffee und zum Sonnenuntergang Cocktails. Vamos a la playa! Bitte ganz schnell!

21 CALA AGULLA

Türkisblaues Wasser, das zum Schnorcheln einlädt, ein 500 Meter langer Sandstrand mit Pinien, unter denen man auch bei größter Hitze im Schatten liegt – und all das eingebettet in ein idyllisches Naturschutzgebiet. Paradiesisch! Apropos: Im Beach-Club Paraiso de Barbassa etwas oberhalb des Strandes gibt es regelmäßig Livemusik.

Cala Agulla / Nordosten: Camino de Cala Agulla, oberhalb von Capdepera www.paraisodebarbassa.com

FISCHE *GUCKEN*

Ein langer, breiter Strand, an dem man alle Arten von Wassersport machen kann

KARIBIK-*FLAIR*

22

Den Kopf im Schatten, die Füße im Wasser

PLATJA FORMENTOR

Schon der Weg ab Pollença ist eine Freude, immer wieder erhascht man zwischen den Felsen hinab einen atemberaubenden Blick aufs Meer, und wer kurvenreiche Routen mag, ist auf dieser Strecke ohnehin im Glück. Aber dann: Der Strand ist ein wahr gewordenes Karibik-Poster, Bäume biegen sich über den Sand, mit ein paar Schritten ist man im hellblau schillernden Wasser. Unter Bastschirmen kann man den Tag verträumen und ein modernes Bistro ganz aus Glas stillt den kleinen Hunger.

Platja Formentor
Der Strand liegt in der Nähe des Luxushotels Formentor bei Pollença. Von dort den Schildern Richtung „Platja" folgen. Hotel Formentor: Carrer Zona Formentor, Port de Pollença

LILA
STRANDPAUSE

Auf der gepflegten Holzterrasse hat man den Strand im Blick – wenn das Essen nicht ablenkt

LILA PORTALS

23

Der Name ist Programm: Lila zieht sich durch das wunderhübsche Strandrestaurant, in dem Inhaber Stefan Zaelke seine Gäste herzlich empfängt und Jens Bräuning in der Küche wirbelt. Mit sandigen Füßen und salziger Haut vom Strand kommen und auf der Terrasse zu essen, ist Erholung pur!

Lila Portals / Passatge a la Mar 1, Portals Nous / Tgl. 12-24 Uhr
Preise: ★★★☆☆
www.lila-portals.com

CALA DEIÀ

GENUSSVOLLE
RUHE

24

In der winzigen Bucht mit dem Kieselstrand ist das Meer glasklar. Man könnte stundenlang meditieren und den Wellen beim Schaumkronenschlagen zusehen. Wie kleine Eidechsen liegen die Besucher auf den Felsen in der Sonne; man hört nur sanftes Plätschern und von Zeit zu Zeit das Brummen eines Motors, denn die Cala ist besonders gut per Boot zu erreichen. Das lässige Strandrestaurant Ca'n Lluc bringt mallorquinische Klassiker auf den Tisch, das teurere Ca's Patró March an den Klippen gefiel schon Gwyneth Paltrow.

Tintenblaues Meer und das Strandrestaurant Ca'n Lluc: Zutaten für einen perfekten Tag

Cala Deià
Urbanización Sa Cala – bei Deià im Nordwesten

CALA PI 25

Der Strand von CALA PI ist umgeben von einer Steilküste, an der man herrlich wandern kann

Ein Strand, von dem man nicht aufs offene Meer schauen kann? Der trotzdem bei allen, die einmal hier waren, Schwärmereien auslöst? Cala Pi heißt dieser Fleck und ist in der Tat entzückend. Die Boote scheinen auf dem Wasser zu schweben, so transparent ist das Meer, und weil der Strand sanft abfällt, ist er perfekt für Kinder. Nur, damit es später nicht heißt, wir hätten Sie nicht gewarnt: Hinab führen 147 steile Stufen – und später wieder hinauf! Aber die schaffen Sie locker nach einem entspannten Strandtag.

Am Ende des Strandtages küsst der Himmel das Meer

Cala Pi
Parkplatz: Cala Pi Parking, Carrer Pedreres 6, ca. 20 km südlich von Llucmajor / In der kleinen Strandbude gibt es Snacks, Cocktails und Musik

SCHWEBE-ZUSTAND

PONDEROSA BEACH

STRANDHÜTTE 2.0

Hier stimmt einfach alles, trotz des lustigen Bonanza-Namens. Strandhütten heißen Chirinquitos – diese hat sich zu einem besonderen Glücksort gemausert. 1967 wurde sie von den Großeltern der heutigen Besitzer gebaut und hatte sofort ihre Fans. Heute posten deren Enkel den coolen Hotspot auf Instagram. Treibholz, Korblampen, Strohdächer und viel Weiß, dazu gesundes Essen und chillige Musik: Hier hätten auch Ben Cartwright und Little Joe abgesattelt.

Ponderosa Beach
Ses Casettes des Capellans, Playas de Muro
Tgl. 12–18 Uhr
Preise: ★★★☆☆
www.ponderosabeach.com

Shabby Chic: So wie das PONDEROSA bei Can Picafort würden wir uns gern unser Strandhaus einrichten

CALA MÀRMOLS

Dieser Strand will erobert werden: Der Weg dorthin dauert anderthalb Stunden

SEHNSUCHTS-ORT

26

Cala Màrmols
Südliche Spitze von Mallorca, 12 km von Santanyí entfernt

Der Weg ist zwar das Ziel, doch einmal angekommen, belohnt die „Marmorbucht" mit einem verträumten Strand, an dem man auch zur Hochsaison fast allein ist. „Allein" bedeutet: Es gibt weder eine Strandbar noch eine Toilette, geschweige denn Rettungsschwimmer. Vom Cap des ses Salines läuft man fünfeinhalb Kilometer entlang der Klippen, mit festen Schuhen, ausreichend Wasser (minimum zwei Liter pro Person) und wenig Gepäck. Ach ne, sagen Sie, viel zu anstrengend? Die Alternative: Mieten Sie ein Boot.

27

BUNTE *PROMI-TIPP:*

„Mein Geheimtipp ist die kleine Bucht Cap Falcó im Südwesten von Mallorca – mit einem herrlichen Sandstrand, schattenspendenden Kiefern, einem tollen Restaurant und klasse Musik."

FRANZISKA VAN ALMSICK
SPORTLERIN

Sanft flattern die Sonnensegel in der Brise, leise Musik perlt durch die Luft. Aus der Küche kommen scharfe Garnelen und Zucchini-Carpaccio, und das Glas Verdejo ist eiskalt: ein ganz normaler Nachmittag im Restaurant des PUROBEACH in Illetes. Wer nicht genug vom Puro-Universum bekommen kann, übernachtet im Purohotel Palma

UNSER STAR

PUROBEACH

CALA SANTANYÍ

28

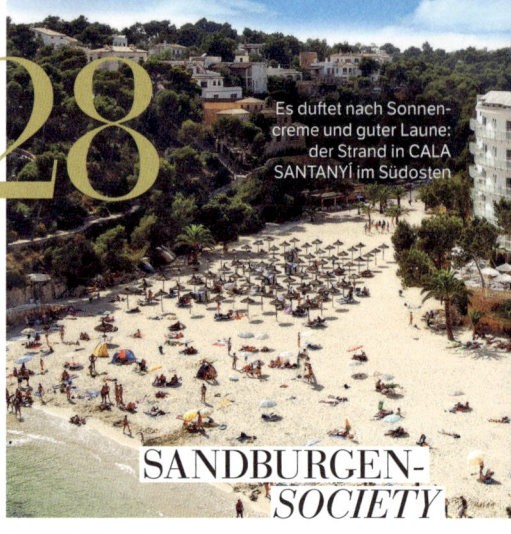

Es duftet nach Sonnencreme und guter Laune: der Strand in CALA SANTANYÍ im Südosten

Nur fünf Minuten fährt man von dem Örtchen Santanyí bis zum Strand, und das sollte man nicht zu spät tun, denn der kleine Parkplatz wird rasch voll. Kein Wunder: Der Strand ist ein echter Familienstrand, das Wasser ruhig, der Sand hat perfekte Sandburgenqualität. Wem irgendwann langweilig wird, der wandert zum spektakulären Felsbogen Mirador Es Pontàs – oder geht im hübschen Café Drac ein Eis essen.

SANDBURGEN-SOCIETY

Cala Santanyí / Kostenloser Parkplatz: Carrer sa Costa Dets Ètics 23, Cala Santanyí

CALA ILLETES

29

Fast wie ein Privatstrand: Die Cala Comtesa ist übersichtlich, gemütlich und freundlich

KLEINES STRANDGLÜCK

Wenn Sie sich zum Strandtag an der Cala Illetes verabreden, sagen Sie gleich dazu: „Bitte an der Cala Comtesa." Der Illetes-Strand besteht aus drei Abschnitten: Während die Platja de ses Illetes schon fast mondän mit Restaurants und Beach-Clubs wirkt, hat die kleine Comtesa, die „Gräfin", den größten Charme. Von den Felsterrassen überblickt man die Bucht, ohne sandige Füße zu bekommen, und das süße Strandcafé serviert die Bocadillos, belegte Brötchen, knusprig und warm.

Cala Illetes: Platja de ses Illetes und Cala Comtesa Comtesa-Parkplatz: Carrer Cala Comtesa 6, Illetes

OASE
AM MEER

Finca-Flair
am Wasser im neuen
PUROBEACH in Illetes

PUROBEACH

30

Bali-Betten für
fünf Personen. Den
Champagner gibt's dazu

Qual der Wahl:
schwimmen oder
weitersonnen?

Als der erste Purobeach 2005 in Palma eröffnete, begann eine neue Beach-Club-Ära: hip, ultimativ glamourös und blendend weiß. Jetzt gibt es einen zweiten Club am Strand von Illetes, der mit seinem warmen Sandstein und den hellen Sonnensegeln fast wie eine Finca am Meer wirkt. Das Konzept ist das gleiche: bequeme Liegen und Bali-Betten, die zwischen 40 und 500 Euro pro Tag kosten. Direkten Zugang zum Meer, morgendliche Yoga- und Tai-Chi-Stunden, Spa-Behandlungen und eine Fusion Cuisine, die von Miami, Marrakesch und Melbourne inspiriert ist. Sonnenbrille ist ein Muss, denn ganz im bewährten Puro-Stil ist auch hier das Restaurant schneeweiß.

Purobeach Illetas
Passeig Illetes 58 b, Illetes / Tgl. 10–24 Uhr, www.purobeach.com

WAS EINEN GUTEN
STRAND AUSMACHT

Jeden Tag an einem anderen Beach liegen, große Sandburgen bauen und stunden-lang im Meer schnorcheln: So sieht der Job von Cedric Martinez aus. Der ehemalige Schauspieler ist eine „Manny", eine männliche Nanny. Und kennt sich aus mit Mallorcas Stränden!

Manchmal weiß ich gar nicht, wer mehr Spaß an unseren Strandausflügen hat: Leila und Desirée, die beiden Mädchen, auf die ich aufpasse – oder ich. Wenn wir herumtoben, kommen oft andere Kinder dazu und spielen mit. Vielleicht, weil ich selbst wieder zum Kind werde und nicht stillsitzen kann. Einer meiner Lieblings-stände ist die Cala Comtesa, die alles hat, was einen guten Strand ausmacht: 1. Er darf nicht zu groß sein, damit ich die Kinder immer im Blick habe. 2. Felsen sind gut, da ist es am spannendsten! Wir stellen uns oft auf die Klippen und werfen Brotstückchen ins Wasser, um die Fische anzu-locken, die sich unter den Steinen verstecken. 3. Ganz wichtig ist eine Strandbude für Eiscreme. Der Strand ist der einzige Ort, an dem man sich richtig klebrig und schmutzig machen darf. Und dann wäscht man im Meer alles wieder ab. 4. Der Sand muss sich für Sandburgen eignen. Wir bauen immer ganze Sand-städte, die wir mit Steinchen, Mu-scheln und Blättern dekorieren. Das VIP-Viertel ist ganz vorn am Was-ser, die Villen mit dem besten Blick auf den Felsen. Neulich hatten wir am Schluss 80 Sandhäuser, wir wollten ganz Palma nachbauen!

5. Am Strand von Portixol gibt es Tausen-de von kleinen Muscheln im Sand, aus denen wir Fuß-und Armbänder basteln. Einige haben schon Löcher, die sind am besten geeignet. 6. Der Strand El Molinar ist toll, um kleine Krebse zu finden und sie in die Hand zu nehmen. Am schöns-ten sind die Strände übrigens im Winter, da haben wir diese oft für uns allein!

Die Cala Comtesa hat Felsen und viele Steine, unter denen sich Fische verstecken

MODEL UND SCHAUSPIELER CEDRIC MARTINEZ, 44, wurde mit der Doku-Soap „The Real Housewives of Beverly Hills" berühmt. Bei einem Werbedreh für ein Shampoo merkte er erst auf den Kufen eines Hub-schraubers hoch in der Luft, dass er unter Höhenangst leidet. Auf Mallorca hat er zwei Jobs: als Manny und als Guest Relation Mana-ger im Restaurant Fera. Bei beiden verbreitet er anste-ckend gute Laune!

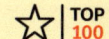

SAND *& Sonne*

22

24

27

21

23

30

29

25

28

26

21 CALA AGULLA Camino de Cala Agulla, bei Capdepera / **22** PLATJA FORMENTOR bei Pollença / **23** LILA PORTALS Passatge a la Mar 1, Portals Nous / **24** CALA DEIÀ Urbanización Sa Cala bei Deià / **25** CALA PI Carrer Pedreres 6, bei Llucmajor / **26** CALA MÀRMOLS bei Santanyí / **27** PONDEROSA BEACH Ses Casettes des Capellans, Playas de Muro / **28** CALA SANTANYÍ Carrer sa Costa Dets Ètics 23, Santanyí / **29** CALA ILLETES Carrer Cala Comtesa 6, Illetes / **30** PUROBEACH Passeig Illetes 58b, Illetes

Kunterbunte SOUVENIRS, mit denen
Mallorcas Sonne, das Meer und das
Grün der Olivenbäume mit nach Hau-
se reisen. Viele Töpfereien gibt es in
Pòrtol, wo schon seit Jahrhunderten
Keramikwaren hergestellt werden

INSEL-
Shopping

Unsere Lieblings-Stores

MALLORCA LÄUFT BARCELONA DEN RANG AB – auch in Sachen Shopping. Ob auf Palmas Einkaufsmeile Jaume III oder in einer der vielen kleinen Boutiquen im In-Viertel Santa Catalina, ob Concept-Store oder Ethno-Shop: Der mediterrane Stil bringt auch bei uns die Herzen zum Leuchten – und der Preis den Geldbeutel zum Lächeln …

DESIGN DISTRICT PALMA

RETRO-REICH

Klassiker aus den
1970er-Jahren:
Blaue Lounge
Chairs von Verner
Panton aus seiner
1-2-3-Serie für
Fritz Hansen

Nicht nur Möbel,
sondern auch
ausgefallene
Wohnaccessoires
findet man in dem
fröhlichen Geschäft

31

FRIDA WATSON

Auch in Spanien ist Vintage unverändert angesagt. Der kunterbunte Shop von Sarah Watson und Ehemann David Goode Hill ist eine Fundgrube für Stücke aus den 50er-, 60er- und 70er-Jahren, der Name eine Verneigung vor Frida Kahlo. Selbst wer gerade keine Wohnung oder Finca einzurichten hat, findet Kissen, Vasen und Kerzenleuchter, die immer noch ins Handgepäck passen. Fotografen und Filmausstatter lieben das Geschäft, sie leihen sich gern Möbel und Accessoires für Dreharbeiten und Fotoshootings aus.

Frida Watson / Carrer d'Anníbal 5, Palma
Mo-Fr 10-14.30, 17-20, Sa 10-14.30 Uhr
Preise: ★★★☆☆ / www.fridawatson.com

BUNTE *PROMI-TIPP:*

„Ich bin immer wieder gern im Instyle Living, es ist nicht weit von meinem Haus in Santa Ponça entfernt. Mir gefällt besonders die Vielfalt für drinnen und draußen, und ich entdecke jedes Mal neue wunderschöne Möbel und Wohnaccessoires."

BIRGIT SCHROWANGE
MODERATORIN

AMETLLA+

HEIM-
SPIEL

Ein Lob auf die Mandel! Im Februar ist die zartrosa-farbene Blüte der 750 000 Mandelbäume das beliebteste Inselmotiv, geernet wird im Herbst. Alles, was man aus der gesunden Frucht machen kann – Öl, Marzipan, Butter –, verkauft das Ametlla+ in Artà, dazu noch viele weitere Produkte, die es nur auf Mallorca gibt. Fünf Mallorquinerinnen, die man nur gut gelaunt antrifft, sind die Gründerinnen. Ihr Tipp für ihr fast magisches Leuchten: zwei Tropfen Mandelöl auf die Wangen für schimmernden Glow.

32

Ametlla+ / Carrer de Ciutat 17, Artà
Mo-Sa 10-15.30 Uhr / Preise: ★★☆☆☆
www.ametllademallorca.com

FÜR STADT
& STRAND

DOMUS ART

33

Lebensgefühl auf mallorquinisch: das DOMUS ART in Artà

Domus Art
Carrer de Ciutat 12, Artà
Mo-Fr 10-19.30, Sa 10-14
Uhr, im Winter Mo-Sa
10-14.30 Uhr
Preise: ★★★★☆
www.domusartmallorca.com

Maria Gwosdz schließt man sofort ins Herz: Ihr offenes Lachen und ihre Freundlichkeit verzaubern jeden, der in ihren Shop am Marktplatz von Artà kommt. Ob man einen Panamahut oder einen bequemen Kimono sucht, einen Korb für das Strandpicknick oder ein elegantes Kleid für den Abend: Man verlässt das Domus Art beschwingt und weiß, dass man ein Stück mallorquinisches Lebensgefühl erstanden hat. Daneben verkauft sie auch Möbel, Gemälde, maßgefertige Gürtel und Schmuck. Und mancher, der mit einer Kette liebäugelte, verliebte sich in einen Sessel – der dann ganz unkompliziert nach Deutschland geschickt wurde.

MITTERNACHTS-
SPITZEN

Mode für die City und den Strand. Die Boutique TREE OF LIFE der Schweding Linn Härsing liegt mitten im angesagten Ausgehviertel La Lonja

34
TREE OF LIFE

Lust auf einen Shoppingbummel, wenn alle anderen Geschäfte längst geschlossen haben? Der Shop Tree of Life von Linn Härsing ist zwar nur in den Sommermonaten geöffnet, dafür aber bis Mitternacht! „Das La-Lonja-Viertel, in dem mein Shop liegt, ist toll zum Ausgehen", sagt sie. „Da lag es nah, einfach etwas länger geöffnet zu haben." Viele der Kleider, Kaftane und Kimonos kommen von jungen Designern aus Mallorca und Ibiza. Großer Pluspunkt: Der Schwedin ist wichtig, dass ihre Boho-Mode nachhaltig und umweltschonend hergestellt wird.

Tree of Life / Carrer Sant Joan 3, Palma / Tgl. 11-23 Uhr, Jul-Aug 11-0 Uhr
Preise: ★★★☆☆ / www.treeoflife.es

SONNE &
SALZ

Das FLOR DE SAL gibt es in verschiedenen Geschmacksnoten

FLOR DE SAL

Die hübschen Dosen mit dem Meersalz schmücken jede Küche, aber hier ist der Inhalt das Wertvolle. Das Flor de Sal d'Es Trenc wird im Naturschutzgebiet Salobrar de Campos noch mühevoll von Hand abgeschöpft und trocknet danach unter der Sonne Mallorcas. Auch die hiesigen Spitzenköche Marc Fosh und Adrián Quetglas benutzen es. In dem kleinen Laden kann man nicht nur alle Sorten kaufen, sondern auch leckeres Eis essen – natürlich mit einem Hauch Flor de Sal.

Flor de Sal d'Es Trenc / Carretera Campos-Colònia Sant Jordi, km. 8.7, Campos
Tgl. 10-18 Uhr / Preise: ★★☆☆☆
www.flordesaldestrenc.com

35

MALLORCA FASHION OUTLET

Fast schwindelig wird uns vor lauter tollen Namen: Superdry, Tommy Hilfiger, Guess – und dazu noch die vielen spanischen Label wie Camper, Desigual, Bimba y Lola oder Adolfo Dominguez: Mehr als 60 Marken haben sich hier versammelt und bieten ihre Kollektionen mit großzügigem Rabatt an. Natürlich gibt es kostenlose Parkplätze, viele Restaurants und für die Kleinen Spielplätze. Den Ehemann oder Freund setzt man vorher in der Kartbahn ab und holt ihn entspannt später wieder ab. Am besten gleich zu Urlaubsbeginn besuchen!

36

POWER-SHOPS

So sehen glückliche Schnäppchenjägerinnen aus! Im OUTLET gibt alle großen Brands, darunter viele spanische

Mallorca Fashion Outlet
Autobahn Palma-Inca (Ma-13), Ausfahrt 8, Marratxí / Tgl. 10-22 Uhr
Preise: ★★☆☆☆
www.mallorcafashionoutlet.com

EINFACH *UNWIDERSTEHLICH*

OPIA

37

Die Schwestern Cristina und Belén Palou hatten schon als Kinder im Geschäft ihrer Eltern auf der noblen Carrer Jaime III ausgeholfen. Danach studierte Belén Kunstgeschichte, Cristina wurde Floristin. Jetzt kombinierten die beiden die Talente und gründeten ihren eigenen Laden: Opia. Devise: Was ihnen selber gefällt, wird verkauft – ausgefallener Schmuck, wärmende Mohairschals (die man hier am Abend auf jeder Terrasse trägt), kuschelige Fellpantoffeln, duftende Öllampen und hübsche Küchenaccessoires.

Opia / Carrer Brondo 5, Palma
Mo-Sa 10.30-14.30, 16.30-20 Uhr
Preise: ★★★☆☆ / www.opiopalma.com

Alles, was das Leben schöner macht, findet man im OPIA

„Liebe, was du machst und mache das, was du liebst" ist die Lebensphilosophie von Christine Leja, die aus einer Architektenfamilie stammt, und ihrem Partner Andree Mienkus, der ein Gespür für Häuser hat. Gemeinsam gründeten sie 1997 BCONNECTED, was sich mit „Sei verbunden" übersetzen lässt. Es ist eine Kombination aus Design-Store, Architekturbüro und Immobilienagentur. „Jedes Stück muss eine Geschichte erzählen", sagt Leja

UNSER STAR

BCONNECTED

FET A SÓLLER

38

MALLORCA
ZU HAUSE

Jedes Mal dasselbe Dilemma: Den Geschmack der Sóller-Orangen spürt man noch auf der Zunge, der Wermut „Cabraboc" (von zwei deutschen Grafikdesignern kreiert) war viel zu schnell ausgetrunken und die köstlichen Ramallet-Tomaten, mit denen das mallorquinische Pa amb oli eingerieben wird, findet man daheim in keinem Supermarkt. Aber Rettung ist nah: Fet a Sóller liefert nach Hause, ohne dass man dabei arm wird. Ab einem Bestellwert von 27 Euro ist die Lieferung gratis. Und man freut sich über eine köstliche Mallorca-Erinnerung.

Mit naturbelassenen Orangen begann es, heute findet man im Shop viele weitere kulinarische Köstlichkeiten

Fet a Sóller / Plaça de Mercat 1, Sóller / Mo-Fr 10-17, Sa 10-14 Uhr / Preise: ★★★☆☆ / www.fetasoller.com

BCONNECTED

39

KUNTER-
BUNT

Farbe gefällig? Bitteschön: Im BCONNECTED geht es fröhlich zu!

Das Santa-Catalina-Viertel ist in Sachen Trends der Vorreiter in Palma. Kein Wunder, dass sich in unmittelbarer Nähe zur Markthalle das wunderbare BConnected niedergelassen hat. Christine Leja verkauft hier nicht nur Wohnaccessoires und sogar indische Rikshas, sondern vermittelt auch Inspirationen und Profi-Tipps für das eigene Zuhause. Zudem hat sie sich ein Ziel gesetzt: Das Viertel in Mallorcas ersten Design-District zu verwandeln. Einen Schritt hat sie bereits getan – sie stellt in ihrem Laden Werke mallorquinischer Künstler wie Rafa Forteza aus.

BConnected / Carrer Dameto 4-6, Palma
Mo-Fr 10-17, Sa 10-15 Uhr
Preise: ★★★★☆
www.bconnectedmallorca.com

Eine barocke Privatresidenz, die über 100 Jahre im Dornröschenschlaf lag, wurde zu einem wunderbaren Shop

RIALTO LIVING

Ein Shop, der glücklich macht! Sogar Männer, bei denen das Shopping-Gen meist nicht so ausgeprägt ist, finden in einem ehemaligen Barockpalast und einem Kino aus den 20er-Jahren Mode, Sonnenbrillen und Technik-Gadgets, dazu Originelles wie eine echte Tiki-Bar. Klas Käll, einer der Gründer des Fashionlabels Gant, und Barbara Bergman renovierten die Gebäude und verwandelten sie in dieses einzigartige Refugium. Das ganze Haus wirkt wie eine private Residenz, in der man stöbern darf und Kaffee und hausgemachten Karottenkuchen im Patio genießt.

Rialto Living
Carrer Sant Feliu 3, Palma
Mo-Sa 10-20 Uhr / Preise: ★★★☆☆
www.rialtoliving.com

Mode, aber auch Düfte, Plüschtiere und Blumen: Die Mischung macht's

PALAST-REVOLUTION

40

Man könnte hier Stunden verbringen und einfach nur bummeln und schmökern

ENDLICH
MARKTTAG!

Seit sie einen Teil des Jahres auf Mallorca lebt, versteht Christine Neubauer, warum alle so sehr von den Märkten schwärmen. Inzwischen kennt sie die besten der Insel, und fand dadurch sogar ihr Haus bei Inca …

Irgendwo auf Mallorca findet immer ein Markt statt – und keiner ist gleich. Überall werden zwar Obst und Gemüse verkauft, Pflanzen und Pfannen, Kinderspielzeug und Calamares, Honig und Hosen. Aber das Drumherum macht es so besonders, die Stimmung, die jeder Ort mit sich bringt. Denn Markttag bedeutet, dass sich alle Dorfbewohner treffen, einen Kaffee trinken, Klatsch austauschen. An einem Sonntag plauderten mein Freund José und ich auf dem Antiquitätenmarkt von Consell mit einem Händler, irgendwann erzählte er uns, dass ein Haus seiner Familie zum Verkauf stünde. Noch vom Markt aus fuhren wir hin, und heute ist es, nach langer Renovierung, unsere Oase. Auch die Möbel stammen fast alle von Flohmärkten.
Mein anderer Lieblingsmarkt ist der Mittwochsmarkt in Sineu. Hier feilschen Bauern um Vieh, es gibt Hühner, Kühe, Tücher, Lederwaren, Wurst, Brot, Käse – ein Erlebnis!

Der Lieblingsmarkt von Schauspielerin Christine Neubauer ist der Mittwochsmarkt in Sineu

Meine schönsten Märkte:
Santanyí (Mi/Sa): Obst und Gemüse, Bioprodukte, Kleidung
Pollença (So): Kunsthandwerk, Schmuck
Santa Maria del Camí (So): Obst, Gemüse, Wurst, Brot, hausgemachter Kuchen
Mancor de la Vall (Mo.): Wurstwaren und Wild, Kleidung, Schuhe, Brot

EINKAUFEN *im Paradies*

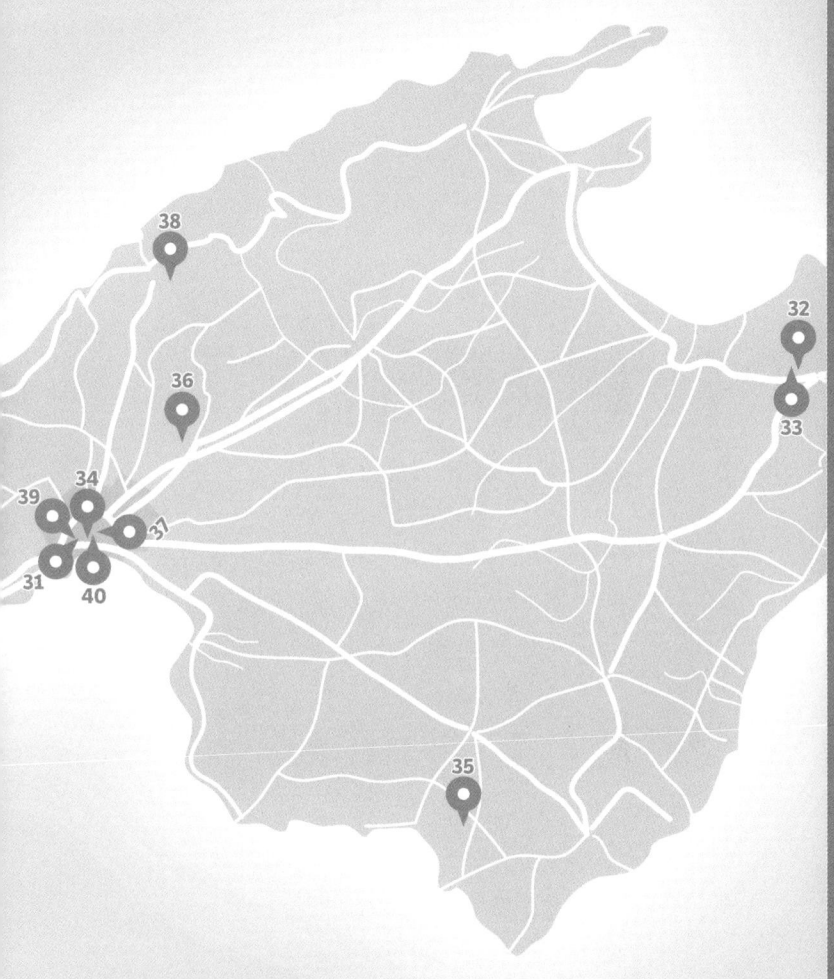

31 FRIDA WATSON Carrer d'Anníbal 5, Palma / 32 AMETLLA+ Carrer de Ciutat 17, Artà
33 DOMUS ART Carrer de Ciutat 12, Artà / 34 TREE OF LIFE Carrer Sant Joan 3, Palma
35 FLOR DE SAL D'ES TRENC Ctra. Campos-Colònia Sant Jordi, km. 8.7, Campos
36 MALLORCA FASHION OUTLET Autob. Palma-Inca (Ma-13), Ausf. 8, Marratxí / 37 OPIA
Carrer Brondo 5, Palma / 38 FET A SÓLLER Placa de Mercat 1, Sóller / 39 BCONNECTED
Carrer Dameto 4-6, Palma / 40 RIALTO LIVING Carrer Sant Feliu 3, Palma

Lasershow und Tänzerinnen,
Nebelschwaden und Musik:
Mallorcas Tanztempel Nr. 1 heißt
seit Jahrzehnten TITO'S. Hier feiert
man die Nacht und das Leben –
und sieht am Morgen die Sonne
hinter der Kathedrale aufgehen

WACH DURCH *die Nacht*

Zehn Tipps zum Chillen und Feiern

MALLORCA GILT ALS DIE KLEINE SCHWESTER VON IBIZA, was das Nachtleben angeht – dabei kann man hier mindestens genauso gut Party machen. Nur ein wenig anders: Es geht ruhiger zu, man tanzt nicht jede Nacht bis zum Morgen durch (um zwei Uhr ist häufig Schluss) und besucht zur Abwechslung auch mal ein Konzert unter dem Sternenhimmel. Und ist am nächsten Morgen gut gelaunt und ausgeschlafen am Strand!

41

HÄPPCHEN-
SCHNÄPPCHEN

Das Lemon Tree (Carrer del Pes de la Farina 10) bietet auch vegetarische Tapas an

Ruta Martiana
Stadtviertel Sa Gerreria, Palma
Ab 19 Uhr / Preise: ★★★★★
www.rutamartiana.wordpress.com/
los-bares-de-la-ruta2

TAPAS-HOPPING

Die Idee eines Drinks und einer Schmauserei, der Urgedanke von Tapas, lässt sich auf Mallorca perfekt umsetzen. In Palmas früherem Rotlichtviertel Sa Gerreria findet jeden Dienstag die Ruta Martiana statt: 25 Bars bieten Wein oder Bier und eine Tapa für höchstens 2,50 Euro an. Los geht's ab 19 Uhr, ein guter Startplatz sind Plaça d'en Coll und Plaça de sa Quartera. Einfach schauen, auf welcher Theke Tapas-Tabletts stehen und reingehen. Alle sind nur wenige Schritte voneinander entfernt.

Bitte zugreifen und genießen

BCM PLANET DANCE

Party bis zum frühen Morgen im BCM PLANET DANCE

42

Laut und voll – das trifft auf den Club, den BCM Planet Dance in Magaluf, und manchmal auch auf die hier feiernde Partycrowd zu. Eine ganze Kleinstadt hätte in Mallorcas größter Diskothek Platz, 4000 Gäste verbringen hier auf drei Ebenen unvergessliche Nächte. Es gibt Lasershows, eine Soundanlage, die so viel kostet wie eine Nobelvilla, und den Millenium-Floor, in dem die legendären Schaumpartys stattfinden. Der Name steht für den Gründer Bartolomé Cursach Mas, der die Disko Ende der 80er-Jahre eröffnete.

BCM Planet Dance / Avinguda S'Olivera 14, Magaluf / Mai-Okt tgl. 22-6 Uhr / Preise: ★★★★★
www.bcmplanetdance.com

TANZCLUB
DER SUPERLATIVE

STAR(C)KES
STÜCK

Auch Flamenco-Stars geben hier gern Gastspiele

PORT ADRIANO

43

Dicht an dicht umringen Super-Yachten das futuristische Gebäude, das der Designer und Architekt Philippe Starck entworfen hat. Port Adriano, 20 Minuten von Palma entfernt, ist eine Marina mit Wow-Effekt und wird vor allem abends lebendig. Herrlich zum Bummeln, denn auf den Booten, oder besser: Schiffen, kann man den milliardenschweren Besitzern (fast) auf die Teller schauen. Boutiquen, Bars und Restaurants haben bis spät in die Nacht geöffnet, und im Juli und August treten auf dem Musikfestival internationale Stars auf – 2018 waren es José Carreras, The Jacksons und UB40.

Port Adriano
Urbanización El Toro, Calvià
Preise: ★★★★☆
www.portadriano.com/de

Rushhour am Nachmittag in der Marina

Die Restaurants muten fast selbst wie ein Schiffsdeck an

44

CASTELL DE BELLVER

EINE FEINE *NACHTMUSIK*

Der Blick über die Bucht von Palma ist majestätisch, der Sternenhimmel greifbar nah und zu allem duftet es herrlich nach Kiefern. Und dann ist da die Musik – von Klassik bis Pop ist alles vertreten. Im Innenhof des Schlosses mit den feingeschwungenen Arkadengängen und der einmaligen Akustik finden im Juli und August eine Reihe von Konzerten statt. Eine wunderbare Gelegenheit, das Sinfonieorchester der Balearen einmal live zu erleben. Oder Weltstars wie Opernsänger Juan Diego Flórez.

Castell de Bellver / Carrer de Camilo José Cela, Palma / Di-So 10.00-19 Uhr
Preise: ★★★★☆ / castelldebellver.palma.cat

Der Schlosshof ist im Sommer ein Open-Air-Konzertsaal

45

UPPEREAST

Sehr mondän: Poolparty mit Blick auf 60-Meter-Yachten

HAMBURG *AUF MEDITERRAN*

Stilvoll: Der Club UPPEREAST öffnet immer am Wochenende

Tagsüber am Dachterrassenpool, der den Namen „Strand" trägt, chillen, abends Dinner von der asiatisch angehauchten Speisekarte des coast by east wählen und danach zur Party mit DJs wie Judge Jules ins uppereast wechseln – alles liegt direkt neben- oder übereinander. Superpraktisch, wenn man ohnehin mit seiner Yacht im Hafen liegt. Das Konzept der East-Gruppe kommt aus Hamburg, ist für Mallorcas laue Luft aber einfach genial.

uppereast / Urbanización El Toro, Calvià / Jul-Sep, Fr, Sa, 22-2 Uhr, coast by east 12-23 Uhr
Preise: ★★★★☆
www.coast-mallorca.de

Der Club ist berühmt für seine bildschönen Tänzerinnen

PALMAS
PARTYKLASSIKER

46

Hoch die Hände! Im TITO'S stehen weltbekannte DJs am Pult

TITO'S

Hier betreten Sie eine Diskolegende: 1923 eröffnete der Italiener Tito Cungi ein Restaurant, in dem er nicht nur Spaghetti servierte und „'O Sole Mio" sang, sondern auch alle weiblichen Gäste küsste. Klar, dass es ein Erfolg wurde. Fast 100 Jahre später existiert das Tito's immer noch, heute mit drei Dancefloors. Darunter einer mit dem Namen Nube 23 für alle über 25 Jahre. Dort hat man einen Traumblick auf den Hafen und die Royal Suite, in der Latino-Elektro-Pop und 80er-Jahre-Hits gespielt werden – und die schönsten Frauen tanzen. Tito Cungi wäre im Glück!

Tito's / Avinguda de Gabriel Roca 31, Palma
Mai: Fr, Sa; Jun: Fr, Sa, So; Jul-Okt: tgl. 23-6 Uhr
Preise: ★★★★☆ / www.titosmallorca.com

BUNTE *PROMI-TIPP:*

„Ich gehe gern an der Platja de Palma flanieren, das beste Lokal für einen gesunden Snack ist das brandneue Bikkini Beach. Danach kann man auf der Dachterrasse des Llaut Palace Hotel einen Sundowner trinken – einmal in der Woche gibt es hier zudem eine gute Party."

JO WEIL
DESIGNER

UNSER STAR

NIKKI BEACH CLUB

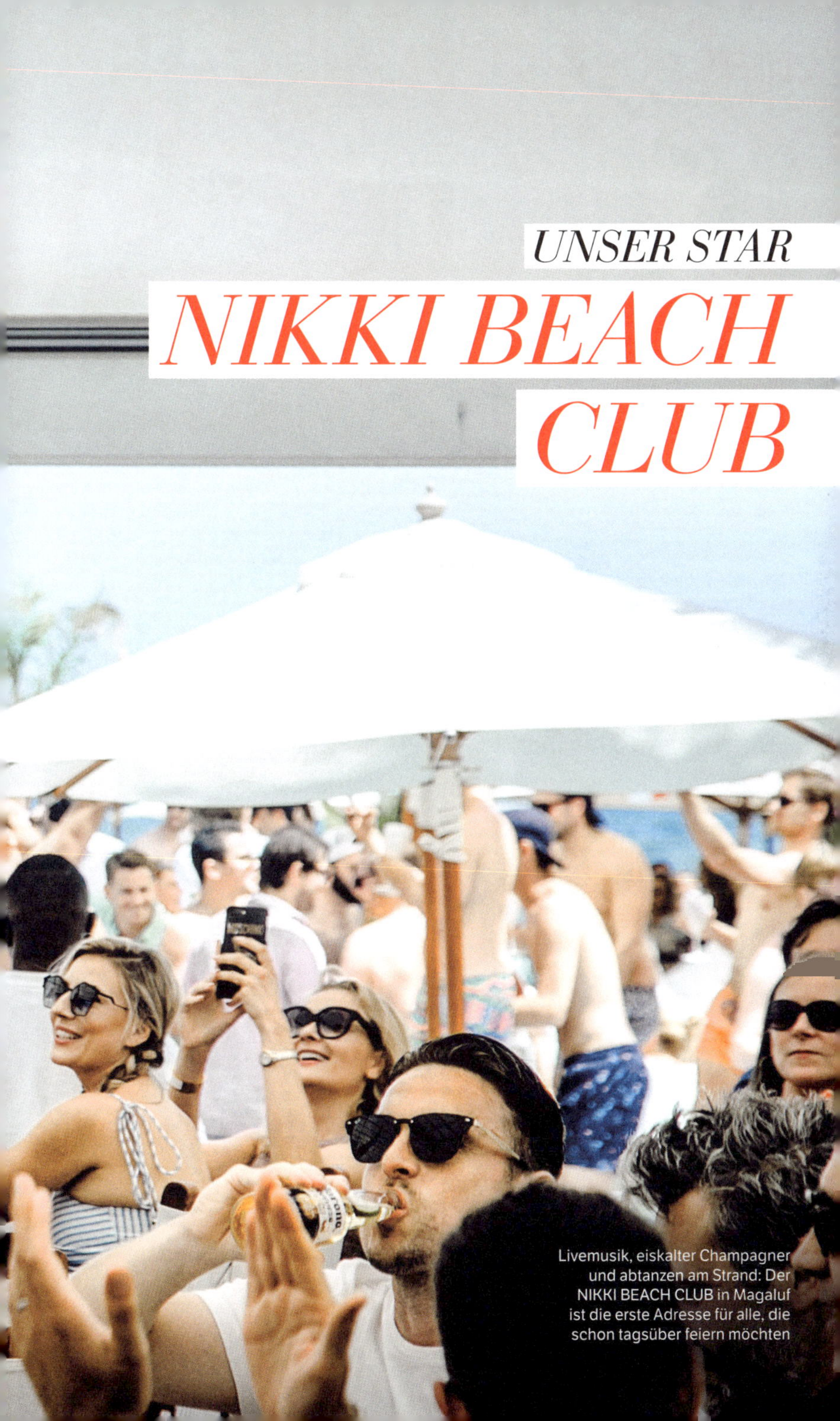

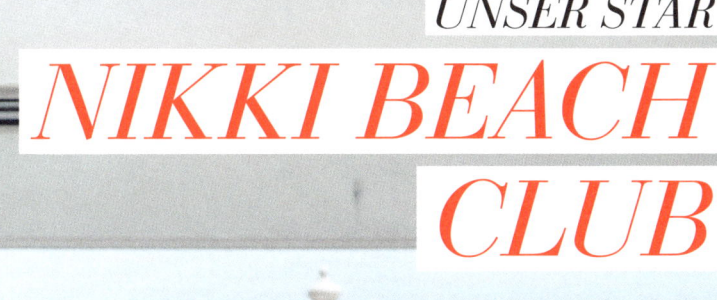

Livemusik, eiskalter Champagner und abtanzen am Strand: Der NIKKI BEACH CLUB in Magaluf ist die erste Adresse für alle, die schon tagsüber feiern möchten

SELTEN SO GUT
GESESSEN

47

EL CAMINO

El Camino / Carrer de Can Brondo 4,
Palma / Mo-Sa 13-16, 18-23.30 Uhr
Preise: ★★★☆☆ / www.elcaminopalma.es

Design-Genuss: die
Bar des EL CAMINO

Die lange, stylische Bar wirkt auf den ersten Blick so gar nicht mallorquinisch, man würde sie eher in London oder New York vermuten. Doch wenn man einmal Platz genommen hat, erlebt man einen spanischen Abend, wie er schöner kaum sein könnte. „Para picar" (zum Picken) sind die leckeren Gerichte – die Kellner, die sie servieren, sind gut gelaunt und in Plauderstimmung. Auch als Alleinreisender fühlt man sich hier wohl, an der Bar kommt man sofort ins Gespräch.

Blaue Stunde: Von der SKY BAR
hat man einen sensationellen
Blick auf Palma

48

Ende des 19. Jahrhunderts diente
das Gebäude Seefahrern und Fischern als einfache Unterkunft,
heute lieben es Nachtschwärmer

HOTEL
HOSTAL
CUBA
SKY BAR

FREIER BLICK ZUM
FEIERABEND

Als wäre sie Teil einer kitschigen Fototapete – so wirkt die Kathedrale von Palma, wenn man in der Sky Bar sitzt. Perfekt illuminiert,
das blaue Meer davor, vielleicht noch die letzten verglühenden
Sonnenstrahlen – da fällt es schwer, sich auf sein Gegenüber zu
konzentrieren. Von März bis November hat die Bar geöffnet, es
gibt gute Cocktails, Mittwoch und Donnerstag ab 20 Uhr Akus-
tik-Livemusik, und sonntags von 19-23 Uhr legt DJ Pedro Garrido
auf. Frühstücken kann man hier übrigens auch vorzüglich.

Hotel Hostal Cuba Sky Bar
Carrer de Sant Magí 1, Palma
Tgl. 8-0 Uhr
Preise: ★★★☆☆
www.hotelhostalcuba.com

NIKKI BEACH CLUB

49

Alles ganz leicht: Was hier serviert wird, landet nicht auf der Hüfte

ELEKTRO-STRAND

Hier ist schon ab morgens Party: Nikki Beach ist berühmt für gute Musik, die besten DJs und internationales Publikum. Zum coolen ME by Meliá Hotel, in dem die Beach-Society gern wohnt, sind es nur ein paar Schritte. John Legend, Paris Hilton und Halle Berry schätzen die Bali-Betten, den Privatstrand, den Pool und die Bars, an denen der Champagner nie ausgeht. Das hat seinen Preis: Die Speiseplatte XXL Deluxe Boat mit Lobster, Kaviar und vielem mehr kostet 2500 Euro.

Sonnentag in der Luxusvariante

Nikki Beach / Avinguda Notario Alemany 1, Magaluf / Apr-Sep tgl. 11-20 Uhr / Preise: ★★★★★ www.mallorca.nikkibeach.com

ZAUBEREI *IM SALON*

50

CAFE PABLO

Ein Genuss der ruhigeren Art: In Santanyí bittet Illusionist Harald Burba zur Magic-Show in sein Restaurant Cafe Pablo. Im Salon reist man zurück in die 20er-Jahre, und weil nie mehr als 16 Gäste teilnehmen, ist man den Zaubertricks ganz nah. Vorher findet im Restaurant ein stimmungsvolles Dinner statt, und schon da wird man verzaubert – von den Kochkünsten des Gastgebers.

Im Salon des CAFE PABLO findet die Zaubershow statt

Restaurant Cafe Pablo / Carrer des Sol 1, Santanyí / Dinner und Show 65 Euro, unterschiedliche Termine Preise: ★★★★★ / www.cafe-pablo.com

DER *PARTYKÖNIG*

Seine Auftritte am Ballermann sind Kult: Seit über 40 Jahren singt Jürgen Drews, 74, an Mallorcas Partystrand seine Megahits wie „Ein Bett im Kornfeld". Fast wäre daraus nichts geworden, denn eigentlich hatte der Schlagerstar keine Lust auf die Insel…

Mallorca, das war für einen wie mich, der noch nie dort war, ein Ort, an dem man herumgrölte und Kampfsaufen veranstaltete. 1976 sollte ich für einen Auftritt am Ballermann gebucht werden, doch ich sagte ab. Man bot mir mehr Geld, und irgendwann knickte ich ein. Aber als ich ankam, sah ich alle Vorurteile bestätigt: Überall Betrunkene vor Sangria-Eimern, dazu dröhnte aus Ghettoblastern ein infernalischer Krach, die Leute grölten abartiges Zeug, irgendwann auch „Ein Bett im Kornfeld". Mir fehlten die Worte. Ich habe noch nie viel getrunken und fühlte mich höchst unwohl. Aber der Auftritt machte Spaß, obwohl ich mir am Mikrofon einen Stromschlag holte und die Bude so voll war, dass ich mich an der Decke festhalten musste. Ich kam wieder. Es waren verrückte Zeiten, irgendwo zog immer ein Mädchen blank und warf ihren BH auf die Bühne und ich habe hauptsächlich auf Brüsten unterschrieben. Früher hatte ich Medizin studiert und ich wollte eigentlich zur Uni zurück. Und dachte: „Jetzt kannst du Schönheitschirurg werden!" So viele Busen hatte ich mittlerweile gesehen.

Heute hat sich der Ballermann verändert und, wie ich finde, zum Guten: Komasaufen und Ghettoblaster sind verboten. Nur dass man nicht mehr oben ohne am Strand baden darf, finde ich schade. Dafür gibt es tolle Restaurants und Hotels, alles wirkt sauber und aufgeräumt. Die

Leute, die heute in Arenal sind, haben einfach Spaß, es ist zwar voll, aber angenehm. Wenn ich abends mit meinem Cabrio von Santa Ponça komme und zum Auftritt in den Megapark fahre, freuen sie sich, wenn sie mich sehen und rufen „König von Mallorca". Das ist doch cool! Und auch, dass das „Kornfeld" bei den Jungen Kult ist. Bei meinem Auftritten im Megapark ist von feiernden Abiklassen bis zu junggebliebenen Älteren alles da. Und ich hätte kein Problem damit, mich mal wieder auf die Strandmauer zu setzen und mitzufeiern.

Seit er im Jahr 2000 „Ich bin der König von Mallorca" zum Feierhit machte, gehört Jürgen Drews die Partykrone

WUNDERVOLLE *Nächte*

41 RUTA MARTIANA Sa-Gerreria-Viertel, Palma / **42** BCM PLANET DANCE Av. S'Olivera 14, Magaluf / **43** PORT ADRIANO Urbanización El Toro, Calvià / **44** CASTELL DE BELLVER Carrer de Camilo José Cela, Palma / **45** UPPER EAST Urbanización El Toro, Calvià / **46** TITO'S Av. de Gabriel Roca 31, Palma / **47** EL CAMINO Carrer de Can Brondo 4, Palma / **48** HOSTAL CUBA Carrer de Sant Magí 1, Palma / **49** NIKKI BEACH Av. Notario Alemany 1, Magaluf / **50** CAFE PABLO Carrer des Sol 1, Santanyí

Der Pop-Titan als Yachtbesitzer: Seit über 40 Jahren kommt DIETER BOHLEN nach Mallorca, kürzlich zog er von Cala Ratjada nach Santa Ponça. Seit 2006 ist CARINA WALZ mit an Bord – beide lernten sich hier in einer Disko kennen

MALLORCA
erleben

Ausflüge an die Küste oder ins Landesinnere

EIGENTLICH IST EIN MALLORCA-URLAUB IMMER ZU KURZ – egal, wie lange Sie bleiben. Denn die Insel hat so viel Spannendes zu bieten, dass man ein ganzes Jahr hier verbringen könnte und immer noch nicht alles erkundet hätte. Hier sind unsere Insel-Highlights. Sie können sich ja ein paar fürs nächste Mal aufheben ...

VORGESCHMACK
AUFS PARADIES

Im Gutshaus sieht man Möbel aus unterschiedlichen Epochen

Aus den kleinen Steinsäulen sprüht zarter Regen, die Besucher können ihn selbst per Knopfdruck starten

Unzählige Palmenarten, dazu Calla, Hibiskus, Blauregen und Bougainvillea: Die Gärten sind eine wahre Oase

51

ALFÀBIA-GÄRTEN

Jardines de Alfàbia
Carretera Palma-Sóller, km. 17, Bunyola / März: Mo-Fr 9.30-17.30, Sa 9.30-13 Uhr, Apr-Okt: tgl. 9.30-18.30 Uhr, letzter Einlass eine Std. vorher / Eintritt 7,50 Euro, Kinder bis 10 Jahre frei
www.jardinesdealfabia.com

Als wären sie ein Geschenk für eine orientalische Prinzessin, so wirken die Jardines de Alfàbia. Überall Blütenduft und das Plätschern von Wasserspielen, Alleen aus Dattelpalmen, ein Laubengang, in dem aus 24 Fontänen zart der Regen sprüht, ein Seerosenteich und ein kleines Café – man fühlt sich in einen maurischen Märchengarten aus dem 12. Jahrhundert versetzt. Nicht ohne Grund: Wesir Ben Abet ließ den Park als Vorgeschmack auf das Paradies anlegen.

BUNTE *PROMI-TIPP:*

„Eines unserer Lieblingsausflugsziele ist der Western Water Park in Magaluf mit vielen Rutschen für alle Altersgruppen, dazu Pools und coole Shows. Ich bin eine Wasserratte, aber das Rutschen mit Sophia überlasse ich gern meinem Mann Lucas, er hat dabei mindestens genauso viel Spaß wie die Kleine!"

DANIELA KATZENBERGER
TV-DARSTELLERIN

BINISSALEM

Der hübsche Ort gilt als Mallorcas Weinhaupt-stadt und liegt auf der Weinstraße, deren Fla-schen sich mit dem Etikett „Denominación de Origen" (D. O.) zieren dürfen. Entlang der Rou-te besucht man auch die Weindörfer Santa Maria del Camí, Consell, Sencelles und Santa Eugènia, viele Winzer bieten Weinproben an. Tipp: Um den Führerschein nicht zu riskieren, am besten eine Tour buchen, wie unter www.mallorcawinetours.com.

Festa des vermar: Weinfest in Binissalem
Immer zwei Wochen im September, Infos unter www.illesbalears.travel/de

52

Zum Weinfest in BINISSALEM treten Trachten-gruppen auf dem Rathaus-platz auf

Die Xere-miers, Dudel-sackbläser, laufend musi-zierend durch die Straßen

AUF MALLORCAS
WEINSTRASSE

ZEIT ZUM
BESINNEN

Das Franziskaner-kloster hängt wie ein Nest am Berg

SANTUARI DE GRÀCIA

53

Santuari de Gràcia / Von Randa auf die Ma-5018 / Website Nachbarkloster Santuari de Cura: www.santuaridecura.com

Auf dem 542 Meter hohen Berg Puig de Randa gibt es drei Klöster, aber das hübscheste wird oft übersehen, weil es das kleinste ist. Das Santuari de Nostra Senyora de Gràcia, kurz Santuari de Gràcia genannt, stammt aus dem 15. Jahrhundert und klebt wie ein Schwalbennest direkt unter einem Felshang. Es ist nicht so leicht zu finden: Auf der Straße Richtung Gipfel steht circa 1,3 Kilometer nach dem Ort Randa rechts ein Tor mit Pfeilern, auf denen runde Kugeln thronen. So herrscht hier meist himmlische Ruhe. Wenn diese von lautem Magenknurren gestört wird, fährt man weiter nach oben ins Santuari de Cura und stärkt sich im klösterlichen Speisesaal.

GÖNN DIR WAS!

MYSTISCHE
WELTEN

54

Auf 1200 Metern läuft man durch einen Zauberwald aus Stalaktiten und Stalagmiten, die sich in den unterirdischen Seen spiegeln

DRACHENHÖHLEN

Niemand, der einmal hier war, vergisst die Drachenhöhlen; oft erzählen Erwachsene, wie sie als Kinder hier zum ersten Mal die „Barcarole" aus „Hoffmanns Erzählungen" hörten. Das hat sich in all den Jahren nicht geändert, noch immer gleiten Musiker auf Booten über den unterirdischen See. Vorher hat man eine der faszinierendsten Tropfsteinhöhlen der Welt durchquert, angeleuchtet wie eine Fabelwelt. Aus der kommt auch der Name, angeblich bewachte hier ein Drache einen Schatz.

Coves del Drac / Carretera de les Coves, Porto Cristo / Mitte März-Ende Okt Einlass um 10, 11, 12, 14, 15, 16, 17 Uhr, Nov-Mitte März 10.45, 12, 14, 15.30 Uhr
Eintritt 15, Kinder 8 Euro / www.cuevasdeldrach.com

STACHELIGES
VERGNÜGEN

BOTANICACTUS

55

Zwischen den unzähligen Kakteen im BOTANICACTUS finden häufig Modeaufnahmen statt

Der Botanicactus avanciert zu einem der Lieblingsmotive auf Instagram. Kein Wunder: Er ist mit mehr als 150 000 Quadratmetern der größte botanische Garten Europas, zu sehen sind über 1600 Pflanzenarten. Darunter – wie bei dem Namen zu erwarten – unzählige Kakteen und Sukkulenten, die sich hier im trockenen Süden der Insel wohlfühlen. Vor allem im Frühjahr, wenn es überall sprießt und blüht, ist der Park ein Traum. Fast unglaublich, dass er immer noch in Privatbesitz der mallorquinischen Bankiersfamilie March ist und erst seit 1989 zu besichtigen ist.

Botanicactus / Carretera Ses Salines-Santanyí, km. 1, Ses Salines / Jan-Feb 10.30-16.30, März 9-18.30, Apr-Aug 9-19.30, Sep-Okt 9-19, Nov-Dez 10.30-16.30 Uhr
Eintritt 10,50, Kinder 5 Euro
www.botanicactus.com

PLANETARIUM

Zum 50. Geburtstag der ersten Mondlandung gibt es viele Sonderprogramme, besonders beeindruckend: die nachgebaute Landekapsel von Apollo 11. Durch das Teleskop kann man am abendlichen Himmel Saturn mit seinen Ringen und Jupiter mit seinen Monden sehen. Tipp: am besten eine Führung buchen, die auch für Kinder spannend gestaltet wird.

Im Kuppelsaal des PLANETARIUMS erklärt ein faszinierender Film das Universum

56

Wenn es dunkel wird, sind hier in der Inselmitte die Sterne besonders gut zu sehen

E.T. LÄSST GRÜSSEN

Observatorio Astronómico de Mallorca / Camí de Son Bernat, Costitx / Fr, Sa 19 Uhr / Eintritt 15, Kinder 8-12 Jahre 8 Euro / Vorher buchen: www.oamallorca.org

SA DRAGONERA

Übersetzt heißt der Name „Dracheninsel" – und Drachen gibt es hier wirklich: Bei Wanderungen über die völlig unbewohnte Insel, die einst Piraten beherbergte und im Sonnenuntergang einem schlafenden Drachen ähnelt, begegnet man immer wieder Baleâren-Eidechsen. Laufen Sie vom Hafen knapp vier Kilometer durch duftende Rosmarinsträucher zum Leuchtturm Es Llebeig – die Aussicht aufs tiefblaue Meer raubt den Atem.

Sa Dragonera
Von Sant Elm fahren Boote auf die Insel (Feb-Okt), Fahrtzeit ca. 20 Minuten, Hin- und Rückfahrt 14 Euro
www.crucerosmargarita.com

57

Auf der unbewohnten DRACHENINSEL sollten in den 1970er-Jahren Luxuswohnungen, ein Yachthafen und ein Casino entstehen. Naturschützer besetzten daraufhin die Insel, die Pläne wurden verworfen

BEI DRACHEN UND PIRATEN

Während die anderen Touristen am Abend alle in die Hotels zurückfahren, bleibt man mit dem VW-Bus einfach am schönsten Fleckchen von Mallorca stehen. Grillenzirpen, um Mitternacht ein Bad im Meer bei Sternenschein – und morgendliches Vogelzwitschern statt klappernder Zimmertüren und Staubsaugerlärm. Die Freiheit auf vier Rädern in einem echten Retro-Bus kann man sich hier ganz unkompliziert erfüllen

UNSER STAR

LAZY BUS

TRAMUNTANA-GEBIRGE

Anhalten und ausatmen:
die Aussicht zwischen
Deià und Valledemossa

So schön ist
der Norden
des Gebirges
bei der Cala
Sant Vicenç

DEM HIMMEL
SO NAH

58

Über die Serra de Tramuntana, die sich 90 Kilometer nordostwärts entlang zieht, gibt es unzählige Bücher – Mallorcas majestätisches Gebirge mit dem 1445 Meter hohen Puig Major ist nicht nur für Naturliebhaber eine Offenbarung: Man findet malerische Bergdörfer wie Deià und romantische Buchten wie Sa Calobra, dazu spektakuläre Ausblicke aufs Meer vom Mirador La Creueta und die schönsten Sonnenuntergänge der Insel am Leuchtturm von Formentor. Eine kleine Wanderung sollte auf jedem Reiseplan stehen – unsere Lieblingsstrecke führt von Son Marroig zum Punta de sa Foradada. Einige Veranstalter wie ASI-Reisen und Wikinger-Reisen bieten auch geführte Wanderwochen an.

Serra de Tramuntana
www.serradetramuntana.net/de

Nach festem Schuhwerk
verlangen die Wanderungen im TRAMUNTANA-GEBIRGE. Sie belohnen
mit herrlicher Natur

MUSEO SA BASSA BLANCA

Inmitten eines Naturschutzgebietes steht das unglaubliche Privatmuseum des Künstlerehepaares Ben Jakober und Yannick Vu. Ihr Wunsch war es, Natur und Architektur zu verbinden und alle Sinne zu wecken. Und so treffen in ihrem schneeweißen, hispanisch-maurischen Haus afrikanische Masken auf zeitgenössische Kunst, prähistorische Funde auf Fotografien. Fantastisch ist der Skulpturenpark mit den vom Paar gestalteten Tieren und Göttern.

Museo Sa Bassa Blanca / Camí del Coll Baix, Es Mal Pas, Alcúdia / Mo-Sa 10-18 Uhr / Eintritt 10, Kinder ab 7 Jahren 7 Euro / www.msbb.org/de

Götter im Garten: Die Skulpturen „Apollo und Aphrodite" sind von Ben Jakober und seiner Frau Yannick Vu

59

NATUR TRIFFT *KUNST*

Zum Spielen freigegeben sind die süßen Hunde aus Granit

LAZY BUS

KUSCHELN AN *DEN KLIPPEN*

60

Das bietet kein Hotel der Welt: Mit dem VW-Bus kann man an den einsamsten Plätzen übernachten

Sunset in der ersten Reihe – das ist Freiheit

Morgens direkt am Meer aufwachen und ins Wasser hüpfen, danach in die Sonne blinzeln und den ersten Milchkaffee trinken, tagsüber tauchen, stand-up-paddeln, wandern oder einen Stadtbummel machen und abends am Strand mit einem Mojito in der Hand den Sonnenuntergang beobachten ... Wer mit einem Bus unterwegs ist, kann dort bleiben, wo es ihm am besten gefällt. Auf Mallorca kann man für das entspannte Hippie-Feeling einen komplett ausgestatteten VW-Bulli mieten. Wer mag, bucht dazu Mountainbikes, aufblasbare Paddle-Boards – oder eine Gitarre. Mehr Romantik geht jetzt wirklich nicht!

Lazy Bus / Camí de Son Valls 246, Felanitx Preis 90-140 Euro pro Nacht www.lazy-bus.com

JEDEN TAG EIN
NEUES ABENTEUER

Wenn Astrid Prinzessin zu Stolberg, 60, nicht im Schwimmbad für einen Wettkampf trainiert, trifft man sie in den Bergen. Oft mit einer kleinen Gruppe, denn Touren mit der „Wanderprinzessin" kann man buchen – hier erzählt sie uns davon (Infos unter www.prinzessin-stolberg.com):

Im Tramuntana-Gebirge gibt es fantastische Wanderwege, die meist gut ausgeschildert sind

Kurz vor meinem 50. Geburtstag ging es mir wie vielen: Ich hatte eine Krise, ich wollte etwas in meinem Leben verändern. Um nachzudenken, ging ich fast jeden Tag in die Berge. Meine Familie war überrascht, denn ich war vorher keine Wanderratte. Aber die Ruhe und die Luft bewirkten etwas, ich fühlte mich gut, nein, mehr als das, fantastisch. Das einzigartige Licht des Südens und die Kombination aus Gebirge und Meer, das man fast von überall aus in der Ferne leuchten sieht. Der Duft nach Kräutern, der sich mit den Jahreszeiten und dem Wetter verändert – wer einmal Rosmarin nach dem ersten Herbstregen gerochen hat, vergisst es nie mehr! Das Glücksgefühl, einen Mönchsgeier zu beobachten, der majestätisch über dir schwebt – das tat mir gut.

Von der Wasserratte zur Wanderratte: Astrid Prinzessin zu Stolberg

Ich kam vor 24 Jahren nach Mallorca und mein Mann und ich sagen immer, dass wir wegziehen, wenn wir einen schöneren Ort auf der Welt entdecken. Aber noch haben wir ihn nicht gefunden. Die Insel ist perfekt für Ausflüge: Wenn das Wetter auf der einen Seite schlecht ist, kann auf der anderen die Sonne scheinen. Nur, wenn sich der Himmel auftut und wirklich Wassermassen herabfallen, gehe ich nicht in die Berge, doch das passiert nur sehr selten.

Man darf aber auch nicht die Hitze im Sommer unterschätzen, ich checke immer, dass meine Gäste genug Wasser dabei haben. Wichtig ist, schon zu Hause oder im Hotel einen Liter zu trinken. Und man sollte trittfest sein, denn die Wege sind oft kippelig, voller Geröll und Wurzeln. Das sind wir gar nicht mehr gewohnt mit unseren ebenen Parkwegen, aber – und auch das ist ein tolles Erlebnis – man bekommt hier beim Wandern von Minute zu Minute mehr Sicherheit und Selbstvertrauen und das schüttet Endorphine aus. Ich werde oft nach meiner Lieblingsroute gefragt, aber ich finde einfach zu viele schön. Was ich allerdings immer spannend finde: ins Landesinnere zu fahren, mich in Binissalem in ein Straßencafé zu setzen und den Leuten zuzuschauen.

ÜBER STOCK *und Stein*

51 JARDINES DE ALFÀBIA Carretera Palma-Sóller, km. 17, Bunyola / 52 WEINFEST Binissalem / 53 SANTUARI DE GRÀCIA Puig de Randa / 54 DRACHENHÖHLEN Carretera de les Coves, Porto Cristo / 55 BOTANICACTUS Carretera Ses Salines-Santanyí, km. 1, Ses Salines / 56 PLANETARIUM Camí de Son Bernat, Costitx / 57 SA DRAGONERA vor Sant Elm gelegen 58 TRAMUNTANA-GEBIRGE / 59 MUSEO BASSA BLANCA Camí del Coll Baix, Es Mal Pas, Alcúdia / 60 LAZY BUS Camí de Son Valls 246, Felanitx

HÄPPCHEN-WEISE *Glück*

Die besten Tapasbars

GÄBE ES TAPAS NICHT, MÜSSTE MAN SIE ERFINDEN!
Nichts macht so schnell glücklich wie diese köstlichen Häppchen.
Klein genug, um sich nicht den Appetit für das Abendessen zu verderben,
aber gehaltvoll genug, um den knurrenden Magen (und die damit sinkende
Laune) zu besänftigen. Traditionell trinkt man dazu ein Bier – doch ein Glas
Wein, ein Cava oder ein Wermut passen ebenfalls hervorragend

CA'N PINTXO

Vor acht Jahren begann eine Clique von Hobby-köchen damit, die hübsche Eckbar zu betreiben, mittlerweile sind ihre Pintxos, baskische Tapas, Kult. Man möchte jedes einzelne fotografieren, so künstlerisch sind sie oft gestaltet. Die Zutaten kommen von Bauern und Bäckern, Metzgern, Winzern und Fischern aus der Nähe, auf der Website erfährt man (auf deutsch!), wer die Bar beliefert, und kann dort auch selbst einkaufen. Das macht gute Laune – und die spürt man auch in der Bar. Hier wird viel gelacht und geredet, und man geht mit dem Gefühl nach Hause, einen Abend unter Freunden verbracht zu haben.

Ca'n Pintxo / Carrer de la Rectoria 1, Sóller
Mo-Fr 19-23.30 Uhr, Sa, So 13-15.30,
19-23.30 Uhr / Preise: ★★★☆☆
www.canpintxo.com/de

61

Was für ein Spaß: Das CA'N PINTXO veranstaltet auch Tanz-kurse!

FÜR WEIN-
LIEBHABER

WINEING

Hier ist jeder sein eigener Sommelier. Und leckeres Essen gibt es auch

62

Jeder kennt es: Da sitzt man vor der Weinkarte, kennt nix und weiß noch weni-ger, was man bestel-len soll. Im Wineing kann man alles pro-bieren: Man drückt einen Knopf über der jeweiligen Flasche und bekommt entwe-der einen Probier-schluck, ein kleines oder großes Glas. Abgerechnet wird per Chipkarte. Eine Art Ausflug in den Bonbonladen für Erwachsene.

Es geht ganz einfach: Chipkarte an den Wein-spender halten, Knopf drücken, genießen

Wineing / Carrer Apuntadores 24, Palma
Mi-So 17-23 Uhr
Preise: ★★☆☆☆
www.wineing.es

LA ROSA VERMUTERÍA

La Rosa Vermutería
Carrer de la Rosa 5, Palma
Di-So 12-16, 19.30-0 Uhr,
Mo nur abends / Preise: ★★☆☆☆
www.facebook.com/larosavermuteria

Schon um 19 Uhr stehen die ersten Gäste Schlange, dabei öffnet die Bar erst in einer halben Stunde. Kein Wunder, denn das Interieur im 70er-Jahre-Stil, die Tapas, die duftend aus der Showküche kommen, und 20 Sorten Wermut, darunter der katalanische Klassiker Yzaguirre aus dem Zapfhahn, sind ein lässiges Konzept. Im vorderen Teil steht man am Tresen, im hinteren sitzt man an kleinen Tischen. Nette Details: Sardinen und Muscheln werden in der Dose serviert. Sehr angesagt ist auch die „Schwester", La Rosa Chica in Santa Catalina.

Klassische Tapas und kleine Gerichte zu Wein und Wermut kommen heiß auf den Tisch

63

ABHÄNGEN IN DER *ALTSTADT*

Weiße Metro-Fliesen und Retro-Bilder schmücken die Bar neben der Plaça de Weyler

LA CUEVA

64

„Die Höhle" heißt La Cueva übersetzt, und wenn jede Höhle so leckeres Essen hätte wie diese, würde man sich die Idee mit dem Überwintern noch mal überlegen. Im historischen Lonja-Viertel existiert diese Tapasbar seit 50 Jahren, und es gibt noch Gäste, die von Anfang an dabei sind. Berühmt ist sie für ihre Gambas al ajillo – Garnelen mit Knoblauch –, brutzelnd heiß in der Eisenpfanne serviert. Am nettesten ist es mitten im Geschehen an der offenen Theke und Küche. Seit März gibt es ein zweites Restaurant in der Hausnummer 10 mit der gleichen Speisekarte.

La Cueva / Carrer dels Apuntadors 5, Palma
Mo-Sa 12.30-23.30 Uhr
Preise: ★★★★☆
www.restaurante-lacueva.com

FAMILIEN-TRADITION

Das kommt uns gern auf den Tisch: eine Auswahl an Tapas in Tonschalen

Sein Vater eröffnete 1969 LA CUEVA, heute trifft man hier Joanjo und seinen Bruder

BUNTE *PROMI-TIPP:*

„Wenn ich auf Mallorca bin, gehe ich gern zum Tapasessen ins La Bodeguilla: Es liegt zentral in der Altstadt von Palma, hat super Essen, eine tolle Weinkarte, netten, kompetenten Service und ein sehr gemütliches Ambiente."

JUAN AMADOR
STERNEKOCH

LA BÓVEDA

65

Ach ja, so hat man sich Spanien vorgestellt: riesige Weinfässer, die zu Tischen umfunktioniert sind, rundherum dunkles Holz und blaue Kacheln, etwas Leckeres, Unaussprechliches auf den Tellern und ein Gitarrenspieler, der den Abend begleitet. Trotz aller wunderschönen Klischees ist das La Bóveda keine Touristenfalle – die Mehrzahl der Gäste sind Mallorquiner aus dem Viertel. Die Gefahr ist, dass man jeden Abend wiederkommt ...

JEDER ABEND
EIN FEST

In dem großen Saal kommt man schnell mit jedem ins Gespräch – egal in welcher Sprache

La Bóveda / Carrer de la Boteria 3, Palma
Mo-Sa 13.30-16, 20-24 Uhr
Preise: ★★★★★ / www.restaurantelaboveda.com

66

OMBU

Spanien küsst Italien: Die OMBU-Variation von Burrata mit Tomaten und Honigöl

TAPAS MIT
GOLDMEDAILLE

Die Erwartungen sind hoch, denn das Ombu wurde 2018 beim renommierten TaPalma-Wettbewerb mit Gold für die beste Tapa ausgezeichnet (und für den Cocktail „Bon Vespre" gab's Silber, das nur nebenbei). Trotz der Weihen ist das kleine Restaurant an Palmas Flaniermeile Born nicht abgehoben, im Gegenteil. Man merkt, dass das Team, das hier arbeitet, allen voran der kreative Chefkoch Vicente Lobo, tiefenentspannt ist. Und das überträgt sich auf die Gäste – was Oscarpreisträgerin Juliette Binoche sicher gern bestätigt.

Ombu / Passeig del Born 5-7, Palma
Tgl. 18.30-23 Uhr
Preise: ★★★★★
www.ombupalma.com

UNSER STAR

SMACK

Der Ansage aus Kindertagen, das Gemüse aufzuessen, bevor es Nachtisch gibt, folgen wir hier gern: Selten erlebt man so frisch komponierte Gerichte, die auf Fisch und Fleisch verzichten. Und hübsch sieht das alles auch noch aus, was Besitzerin Hélène geschuldet ist, einer Food-Journalistin mit dem Blick für stilvoll angerichtete Teller. So, und jetzt bitte den Nachtisch – den darf man sich auf keinen Fall entgehen lassen!

SMACK

Die Carrer de la Fàbrica in Santa Catalina ist eine richtige Ausgehgasse, hier liegen Restaurants und Bars Seite an Seite. Im Smack sollten Sie anhalten: Da bieten die ehemalige Restaurant-Journalistin Hélène und Koch Stéphan eine Küche an, die auf Gemüse basiert, und bei der Fisch und Fleisch die zweite Geige spielen. Auch Nicht-Vegetarier tauchen hier in völlig neue Geschmacksdimensionen ein – und vermissen nichts.

Smack
Carrer de la Fàbrica 14 a, Palma
Di-So 13-15.30, 19-0 Uhr;
Juni-Sep nur abends; Jan-Feb geschl.
Preise: ★★★★★
www.smackmallorca.es

Es grünt so grün, wenn Spaniens ... Köche mit Gemüse zaubern

GRÜNES *GLÜCK*

67

So leer ist es gleich nicht mehr: Ein Tisch im SMACK ist heiß begehrt!

TAST

68

Tapa und Bier – so geht der spanische Klassiker. Und den gibt's im TAST

BASIS- *LAGER*

Schon 30 Jahre gibt es das Tast, und es ist unverändert beliebt. Vielleicht, weil man hier eine gute Grundlage für eine lange Nacht bekommen kann – mit klassischen Tapas, bei denen nicht mit Zutaten gespart wird, und ja, dazu gehört traditionell auch Mayonnaise. Es gibt mehrere Tast-Restaurants, eines davon in Magaluf. Wer sich lieber an den Strand setzt, um den Sonnenuntergang zu bestaunen, kann die Tapas auch mitnehmen.

Tast Unión
Carrer de la Unió 2, Palma
Mo-Sa 13-0 Uhr
Preise: ★★★★★
www.tast.com/de

LA TAPERIA

Eine deutsch-spanische Liebesgeschichte steht hinter der La Taperia: Sandra und Luis führten bereits eine Taperia in Lübeck, bevor sie sich entschlossen, nach Mallorca zu ziehen. Kein leichtes Unterfangen, aber beide haben sich mit ihren Gourmet-Tapas, dem wunderschönen Ambiente – einem hohen Raum mit Holzdecke und Sandsteinwänden, der sanft beleuchtet ist – und mit ihrer herzlichen Art einen Namen gemacht.

Bitte zugreifen: Die Tapas schmecken toll und sind liebevoll angerichtet

Calle Montenegro 10 - La Lonja - 07012 Palma de Mallorca

TAPAS MIT *VIEL LIEBE*

La Taperia / Carrer de Montenegro 10, Palma
Mo-Sa 12-0, So 18-23 Uhr / Preise: ★★★☆☆ www.la-aperia.es

69

FLORIAN

70

Im traumhaften Südosten befindet sich das Städtchen Portocolom – und im Florian hat man einen Logenplatz an Mallorcas größtem Naturhafen. Das Geschwisterpaar Katharina und Florian verwöhnt seit 18 Jahren mit Herzhaftem wie Fleischklößchen in Tomatensoße oder Brot mit geschmolzenem Mahonkäse. Viele Stammgäste verabreden sich schon ein Jahr im Voraus und legen mit ihrem Segelboot oder der Yacht direkt vor der Terrasse an.

HAFEN-*BLICK*

Hier sitzt man wirklich in der ersten Reihe – mit Blick auf den Hafen und die Tapas

Florian / Carrer Cristobal Colón 11, Portocolom / Tgl. 11-22 Uhr
Preise: ★★★☆☆ / www.restaurant-florian.com/de

LUST AUF *TAPAS*

Tapas gehören zu Spanien wie Pasta zu Italien. Immer häufiger werden aus den schlichten Wein- und Bierbegleitern delikate Kunstwerke, die sogar bei Meisterschaften gekrönt werden. Das Wichtigste aber ist: Sie machen sofort gute Laune! Unser Tapas-Guide in sieben Häppchen …

1. Der Ursprung

Tapa heißt „Deckel", und genau das war es früher: Mit einer Scheibe Brot und ein paar Oliven zum Beschweren deckte man die Gläser ab, damit sich weder Staub noch Fliegen hineinverirren. Auf diesen Brotscheiben landeten später salziger Schinken und Sardellen, die den Durst der Gäste anheizten.

2. Die Zwischenmahlzeit

Spanier essen spät zu Abend – und mit spät meinen wir wirklich sehr spät. Um 22 Uhr ins Restaurant zu gehen, ist keine Seltenheit. Damit man zwischen Feierabend und Abendbrot nicht verhungert, kehrt man nach der Arbeit auf ein Bier oder einen Wein und ein paar Tapas ein.

3. Tapas Nonstop

Vor allem Touristen bestellen Tapas gern den ganzen Tag über. Daran ist nichts auszusetzen, gerade im Sommer sind die kleinen Häppchen perfekt. Spanier machen das eher nicht.

4. Tapa oder Ración?

Nicht alle Tapas bestehen aus Weißbrotscheiben mit Belag, viele Gerichte wie Gambas al ajillo (Garnelen in Knoblauch) oder Albóndigas (Hackfleischbällchen) werden in Tontöpfen serviert. Diese Portionen nennt man Ra-

ciónes, sie sind von der Menge eher eine Vorspeise.

Tapas: Temperamentvoll, köstlich, typisch spanisch, NGV, 7,99 Euro

5. Tapas light

So lecker es ist, irgendwann hat man genug vom Weißbrot. Machen Sie es wie die Spanier: Sie benutzen die Brotscheibe wie einen Teller, von dem sie mit dem Zahnstocher den Belag herunterpicken.

6. Tapas, Pinchos oder Pintxos?

Das Baskenland ist berühmt für seine ausgefallenen Tapas, die hier Pintxos heißen. In San Sebastian gibt es Bars, die es mit Sternerestaurants aufnehmen. Pintxo (baskisch) oder Pincho (spanisch) werden sie nach den Spießchen genannt, die die kunstvollen Gebilde zusammenhalten. Abgerechnet wird dann die Anzahl der Spieße auf dem Teller.

7. Tapas-Weltmeister

Die internationale Tapas-Weltmeisterschaft in Valladolid, die jedes Jahr im November stattfindet, hat 2018 eine Frau gewonnen: Shuyun Chen, die im Restaurant Bellota kocht. Für ihre Tapas müssen Sie allerdings weit fliegen: Das Restaurant liegt in Auckland in Neuseeland.

Leckere Variante: Tapas mal ganz ohne Brot

TAPAS *für alle!*

61 **CA'N PINTXO** Carrer de la Rectoria 1, Sóller / 62 **WINEING** Carrer Apuntadores 24, Palma / 63 **LA ROSA VERMUTERÍA** Carrer de la Rosa 5, Palma / 64 **LA CUEVA** Carrer dels Apuntadors 5, Palma / 65 **LA BÓVEDA** Carrer de la Boteria 3, Palma / 66 **OMBU** Passeig del Born 5-7, Palma / 67 **SMACK** Carrer de la Fàbrica 14a, Palma / 68 **TAST** Carrer de la Unió 2, Palma / 69 **LA TAPERIA** Carrer de Montenegro 10, Palma / 70 **FLORIAN** Carrer Cristobal Colón 11, Portocolom

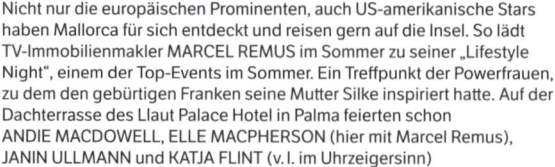

Nicht nur die europäischen Prominenten, auch US-amerikanische Stars haben Mallorca für sich entdeckt und reisen gern auf die Insel. So lädt TV-Immobilienmakler MARCEL REMUS im Sommer zu seiner „Lifestyle Night", einem der Top-Events im Sommer. Ein Treffpunkt der Powerfrauen, zu dem den gebürtigen Franken seine Mutter Silke inspiriert hatte. Auf der Dachterrasse des Llaut Palace Hotel in Palma feierten schon ANDIE MACDOWELL, ELLE MACPHERSON (hier mit Marcel Remus), JANIN ULLMANN und KATJA FLINT (v. l. im Uhrzeigersinn)

VIP-
Watching

Hier tummelt sich die Society!

MALLORCA IST SO UNWIDERSTEHLICH SCHÖN, dass die Insel schon immer ein Sehnsuchtsort für Prominente und Royals war. Diskrete Hotels, versteckte Buchten, uneinsehbare Villen und Restaurants, die man durch den Kücheneingang betritt, machen das Glück perfekt. Aber auch die berühmtesten Menschen wollen irgendwann das wahre Mallorca-Flair genießen und sind entspannt unterwegs. Hier trifft man sie:

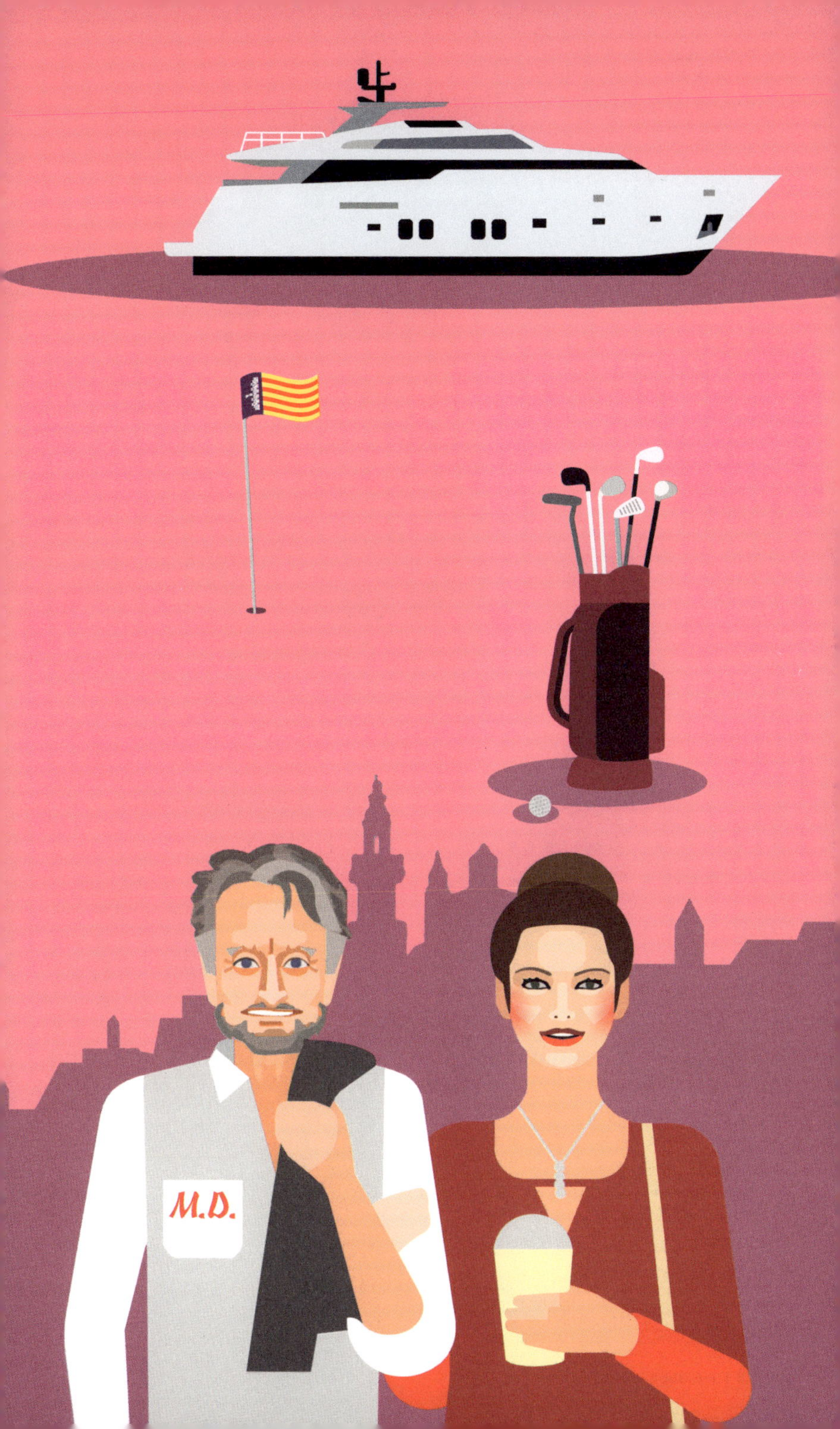
M.D.

71

M-MOMENTS HOCHZEITS- PLANER

Als James Blunt und Sofia Wellesley 2014 auf Mallorca ihre Hochzeit feierten, organisierten Lourdes Coll und Ana Capó das Fest auf dem Anwesen der Brauteltern. Und auch die Hochzeit von König Felipes Patentochter Martina Jáudenes plante das Duo. Ob Finca oder Schloss, Strand oder Berge – auch wer „nur" eine Party gibt, über die die Insel noch lange spricht, bucht die beiden.

James Blunt und Sofia Wellesley feierten auf Mallorca Hochzeit

FÜR DIE GANZ *GROSSE SAUSE*

M-Moments / Carrer Poima 8, Palma / Preise: ★★★★ / www.m-moments.com

72

RALLYE

Rallyefahrer lieben die Kurven auf Mallorca

DAS DONNERN *DER MOTOREN*

Sebastian Kamps und Bauunternehmer Thomas Oellig (l.) im Porsche 911

Wruuummm – wer im Frühjahr über die Insel fährt, wundert sich häufig, was ihn da eben überholt hat. War das nicht ein VW Karmann-Ghia? Ein Blick in den Kalender gibt Klarheit: Immer am zweiten Märzwochenende findet die Rally Clásico statt, die über 100 Oldtimerfahrer und Tausende Fans anlockt. In Puerto Portals ist das Fahrerlager, hier herrscht drei Tage lang Rennatmosphäre. Alles ganz familiär: Unternehmersohn Sebastian Kamps und Ehefrau Gülcan, die auf Mallorca als Immobilienmaklerin arbeitet, trifft man hier ebenso wie die spanische Schauspielerin Adriana Ugarte.

Rally Clásico / Jedes Jahr am
2. Wochenende im März
Preise: ★★★★
www.rallyislamallorca.com

HOTEL CAP ROCAT

Ihren wahren Zauber enthüllt die ehemalige Militärfestung zur Dämmerstunde, wenn Fackeln und Kerzen die Bastion in sanftes Licht tauchen. Zutritt hat man nur mit Anmeldung – so auch für das Restaurant Sea Club zwischen den Klippen. Highlight für Gäste wie Bill Gates: das auf einem Tisch-BBQ selbst gegrillte Steak.

Cap Rocat
Calletra de Cap Enderrocat, Cala Blava
Restaurant Sea Club: März-Apr 13-16 Uhr, im Sommer zusätzlich abends 19-22.30 Uhr
Preise: ★★★★
www.caprocat.com

Über die Klippen geht es zum Baden ins Meer

EINE BURG *ZUM VERSTECKEN*

Wohnen in einer Festung: Die Terrasse wurde aus dem Fels gehauen

73

Schon die Anfahrt zum HOTEL CAP ROCAT ist sehr stilvoll

ANKERPLATZ FÜR
MILLIARDÄRE

Die besten Partys finden auch in PUERTO PORTALS nicht an Land, sondern auf den Yachten statt

74

Das Ritzi Restaurant ist der VIP-Hotspot an der Hafenpromenade

PUERTO PORTALS

Ritzi Restaurant / Calletra Vella 9 / Tgl. 12.30-22.30 Uhr, Lounge bis 4 Uhr morgens Preise: ★★★☆☆ www.ritzigroup.com

Der Yachthafen ist im Sommer Mallorcas mondänster Laufsteg. Nirgendwo ist die Chance höher, im Ritzi Restaurant (bester Tag: Freitag) oder im nahe gelegenen Flanigan Jim Carrey, Liz Hurley oder Brad Pitt zu begegnen. Auch Fincabesitzer Til Schweiger zeigt sich gern. Die Liegeplatzgebühren kosten pro Tag so viel wie ein paar Kilometer weiter zwei Wochen Vollpension: 1290 Euro. Dafür kann man mit den sehnsüchtigen Blicken der Flanierenden rechnen, es sei denn, eine noch größere Yacht legt daneben an.

BUNTE *PROMI-TIPP:*

„Mein absoluter In-Tipp ist die Bar des Boutique Hotel Can Alomar in Palmas Altstadt. Auf der Terrasse mit Blick auf den Passeig del Born trifft sich die Gesellschaft zum Drink."
MARCEL REMUS
LUXUS-IMMOBILIENMAKLER

75

ISABEL GUARCH

Königin Letizia trägt bei offiziellen Anlässen Diademe von unschätzbarem Wert – und privat gern die zarten (und bezahlbaren) Stücke der mallorquinischem Schmuckdesignerin Isabel Guarch. Zweige aus Gold mit Jadesteinen erinnern an die Pinienwälder, Ringe in der Form von Korallen an das Meer, ein Anhänger mit Rosette ist den Fenstern der Kathedrale nachempfunden.

Isabel Guarch
Plaça del Mercat 16, Palma / Mo-Fr 10-20, Sa 10-14 Uhr / Preise: ★★★☆
www.isabelguarch.com

ISABEL GUARCH lässt sich für ihren Schmuck von Mallorcas Natur inspirieren

SCHMUCK *MIT SEELE*

76

SON VIDA
DER HÜGEL
DER DISKRETION

Wer auf dem Hügel von SON VIDA wohnt, geht abends gern im Castillo Hotel Son Vida essen

Das Viertel Son Vida oberhalb von Palma gilt als das Beverly Hills von Mallorca. Die teuerste Villa steht gerade für 63 Millionen Euro zum Verkauf. Den Blick auf die Bucht und die exklusive Nachbarschaft lässt man sich gern etwas kosten: Ana Ivanović, Oliver Kahn, Unternehmer Joachim Hunold und Chic Murphy, einer der Gründer der Spice Girls, haben hier Häuser. Ein saudischer Prinz ließ einen Fahrstuhl für seine Lamborghinis aus dem Felsen schlagen.

Son Vida / in den Hügeln westlich von Palma
Preise: ★★★★★

UNSER STAR

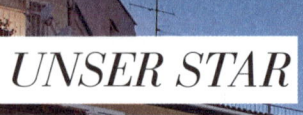

PALMA SPORT & TENNIS CLUB

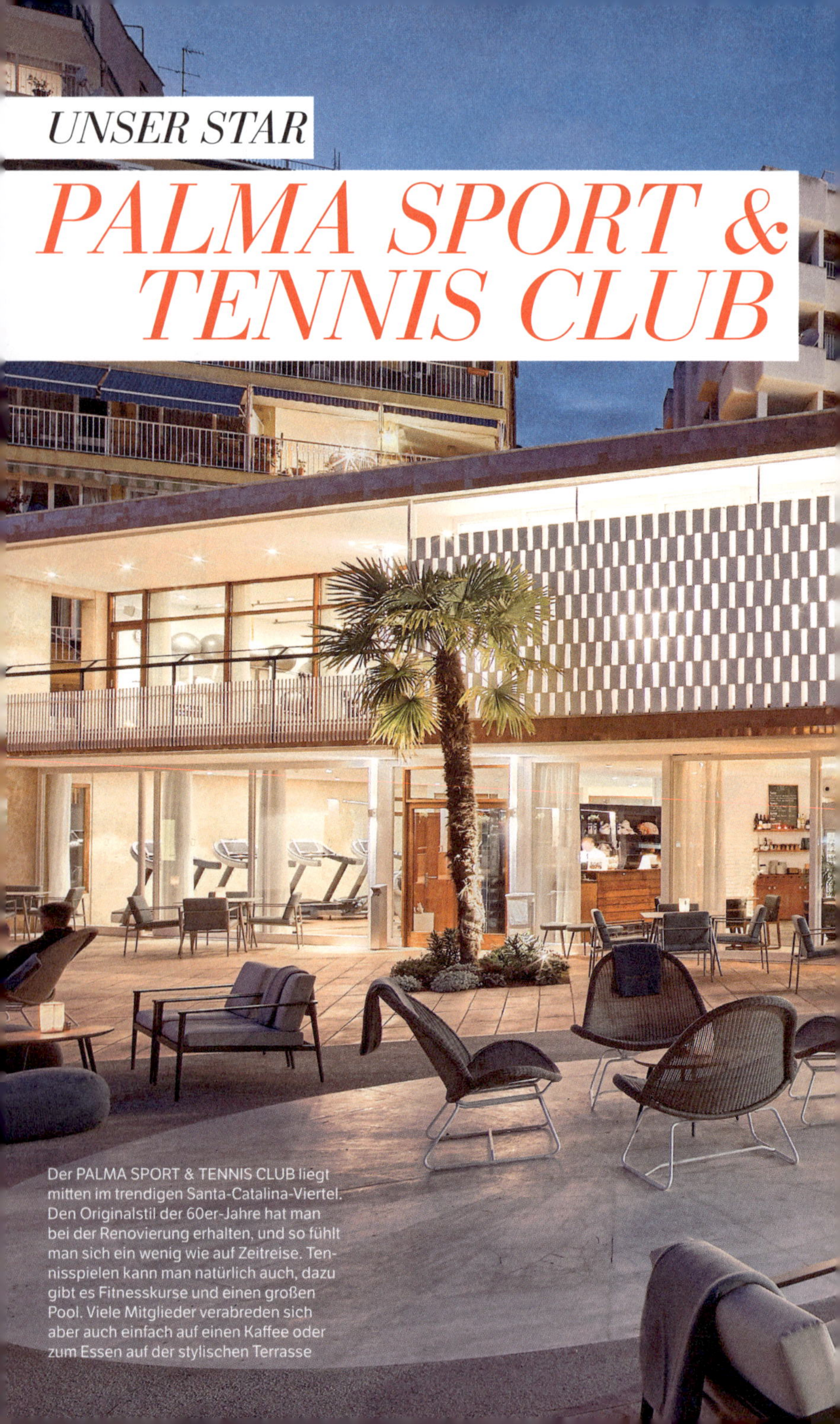

Der PALMA SPORT & TENNIS CLUB liegt mitten im trendigen Santa-Catalina-Viertel. Den Originalstil der 60er-Jahre hat man bei der Renovierung erhalten, und so fühlt man sich ein wenig wie auf Zeitreise. Tennisspielen kann man natürlich auch, dazu gibt es Fitnesskurse und einen großen Pool. Viele Mitglieder verabreden sich aber auch einfach auf einen Kaffee oder zum Essen auf der stylischen Terrasse

77

In diesem modernen Ambiente finden die Stars ihre Kleider

KLEIDER FÜR DEN
GROSSEN AUFTRITT

Einmal klingeln, dann öffnet sich die Tür zu den himmlischsten Abendroben

ROSA CLARÁ

Rosa Clará / Avenida de Jaume III 29, Palma
Mo-Fr 10-20, Sa 10-14 Uhr
Preise: ★★★★☆ / www.rosaclara.es/de

Mallorquiner lieben große Feste, irgendwo findet immer eine Hochzeit, eine Taufe oder ein Geburtstag statt. Der Dresscode verlangt nach Glamour, und den findet man am Anfang von Palmas Luxusmeile Jaume III bei Rosa Clará. Nicht nur wirklich atemberaubende Hochzeitskleider, sondern auch die schönsten Abend- und Cocktailroben werden hier verkauft. Als Bob Geldofs Tochter Pixie in Son Marroig bei Deià George Barnett heiratete, fand die Hochzeitsgesellschaft vorher hier ihre Traumkleider.

CAP FALCÓ 78

Von morgens bis abends ist an der lässigen Strandbar am Cap Falcó Betrieb. Morgens kommen die Frühschwimmer, die danach mit einem Smoothie in einem der Liegestühle entspannen, und je später der Tag, desto häufiger wird ein Cocktail über die Bar gereicht. Für RTL-Moderatorin Jennifer Knäble ist es die Lieblingsbucht, und auch "Alarm für Cobra 11"-Star Erdogan Atalay trifft man hier regelmäßig: Der Besitzer Stephan Ohneck ist sein Schwager.

Cala Cap Falcó
Carrer Cap Falcó, Calvià
Mai-Okt, tgl. 9-18 Uhr
Preise: ★★★☆☆
www.capfalco-beach.com

Die kleine, lässige Strandbar am CAP FALCÓ

SAND &
STARS

GOLFERHIMMEL
MIT MEERBLICK

79

Wer kann sich bei diesem Blick noch auf den Abschlag konzentrieren?

CLUB DE GOLF ALCANADA

Golfclub Alcanada
Carretera del Faro, Port d'Alcúdia / Ganzjährig, tgl. 8-19 Uhr
Preise: ★★★★
www.golf-alcanada.com/de

Der 18-Loch-Platz ist eigentlich unter dem Namen seines Besitzers bekannt: Der „Porsche-Platz" wird er nach Hans-Peter Porsche, Sohn von Autolegende Ferdinand Porsche, genannt. Florian Silbereisen schlägt hier ebenso gern ab wie Pierce Brosnan und Rod Stewart. Jeder ist begeistert, denn von 16 der 18 Bahnen schaut man aufs Meer. Und über dem schönen Clubhaus wohnt der Chef höchstpersönlich.

PALMA SPORT & TENNIS CLUB

Fast glaubt man, in Palm Springs zu sein: Palmen, Kakteen, klassische Lounge Chairs und dann das Gebäude selbst – pures Design der 1960er-Jahre. Aus dieser Epoche stammt der Club, der lange vor sich hindämmerte, bis ihn 2016 der Besitzer des Portixol-Hotels, Mikael Landström, zu neuem Leben erweckte. Jetzt trainiert hier Palmas Society und schaut beim „Legends Cup" im Oktober Stars wie Tommy Haas, Mats Wilander und Martina Hingis zu.

Palma Sport & Tennis Club
Carrer Joan Maria Thomàs 4, Palma / Restaurant tgl. 8-23 Uhr / Preise: ★★★★
www.palmatennis.com

80

Tennisstar Tommy Haas gewann 2018 den „Legends Cup" im PALMA SPORT & TENNIS CLUB

OASE
IN DER CITY

DIE MIT DEN
PROMIS TANZT

Die Geschichte von Sylvia Nowèl birgt Stoff für einen Roman: Junge Frau macht Urlaub, verliebt sich, bleibt dort und wird Deutschlands bekannteste Mallorca-Promi-Reporterin. Sie arbeitet u. a. für BUNTE

Halle Berry wohnte beim Dreh zu „Cloud Atlas" in Sóller

Eine strahlend schöne Liz Hurley stellte in Puerto Portals ihre Bademode vor

Mit Jürgen Hingsen fing alles an. Ende der 90er-Jahre habe ich auf Mallorca gekellnert und Bootsfahrkarten verkauft, als ich den Anruf einer Frauenzeitschrift bekam: Ob ich Lust hätte, den Zehnkämpfer Hingsen zu fotografieren? Er warb bei einer Gala für den Bau des Golfplatzes von Andratx, und man hatte keinen deutschsprachigen Fotografen gefunden. Es war die Zeit, in der Jan Hofer, Boris Becker und Sabine Christiansen hier waren und plötzlich Claudia Schiffer kam. Ihre Eltern hatten eine Wohnung in Port d'Andratx, und um die Gegend bekannt zu machen, hatte man ihr ein Grundstück in der Nähe geschenkt. Der Plan ging auf: Sie baute, wurde zur meistfotografierten Person der Insel – und ich war im Geschäft. Ich weiß immer, wer gerade ankommt, früher waren es Michael Schumacher, Halle Berry, Helene Fischer, Wladimir Klitschko und Hayden

Panettiere, vor kurzem noch Sharon Stone, Uwe Ochsenknecht und Florian Silbereisen. Als Brad Pitt 2016 heimlich auf Mallorca nach Drehorten für seinen Film „By the Sea" suchte, wusste ich als einzige davon – mein Friseur war in die gemietete Villa bestellt worden, um ihm die Haare zu schneiden. Und als ich Anne Hathaway auf Valentinos Yacht „Blue One" fotografieren wollte, hatte ich ein Loch in meinem Schlauchboot und wäre fast untergegangen! Heute gelten Leute wie Melanie Müller und Danni Büchner als prominent. Die haben Glück, die können unerkannt an mir vorbeiziehen, denn das sind für mich keine Stars.

Sylvia Nowèl ist die einzige weibliche Hubschrauberpilotin der Balearen. Die Lizenz erwarb sie, als sie 2009 ihren Brustkrebs besiegt hatte und sich sagte: Jetzt mache ich alles, wovon ich immer träumte!

DEN STARS *ganz nah*

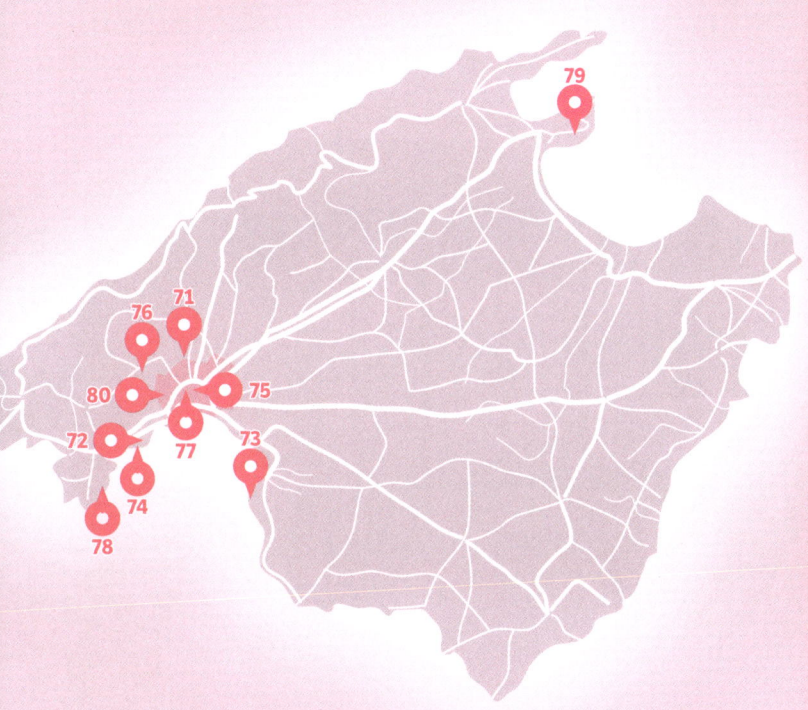

71 M-MOMENTS Carrer Poima 8, Palma / **72** RALLY CLÁSICO Puerto Portals / **73**   / **74** RITZI RESTAURANT Calletra Vella 9, Puerto Portals / **75** ISABEL GUARCH Plaça del Mercat 16, Palma / **76** SON VIDA in den Hügeln westlich von Palma / **77** ROSA CLARÁ Avenida de Jaume III 29, Palma / **78** CALA CAP FALCÓ Carrer Cap Falcó, Calvià / **79** GOLFCLUB ALCANADA Carretera del Faro, Port d'Alcúdia / **80** PALMA SPORT & TENNIS CLUB Carrer Joan Maria Thomàs 4, Palma

Beim Spaziergang durch Palma
entdeckt man sie an jeder Ecke:
die verschwiegenen INNENHÖFE
der alten Häuser und Paläste, in
denen früher die Kutschen
hielten. Viele gehören heute zu
Hotels oder Restaurants, aber in
anderen scheint einfach die Zeit
stehengeblieben zu sein ...

HURRA,
es regnet!

Unsere Tipps, wenn der Strandtag ins Wasser fällt

SCHON SEIT WOCHEN FREUT
MAN SICH AUF SONNE, STRAND
UND MEER – und das fantastische
Wetter, das bereits im Januar dazu
einlädt, im T-Shirt im Café zu sitzen.
Und dann ist plötzlich der Himmel
trüb. Gut, wenn man einen Plan B hat.
Wir garantieren Ihnen: Bei so vielen
spannenden Alternativen werden
Sie sich sehnlich wünschen, dass
der Wetterbericht auch mal einen
Regentag ankündigt!

F. Chopin

CHOPIN
MUSEUM
TICKETS

81

Nach einem Besuch bei Profikö-
chin Katy Rosales steht dem perfekten Dinner nichts mehr im Weg

KULINARISCHE *KNIFFE*

THE GALLEY CLUB

Möchten Sie Profikoch auf einer Luxusyacht werden? Nein? Könnten Sie hier aber lernen. Wie wäre es dann mit einem Kurs, um Tapas zu kreieren oder vegan zu kochen? All das (und noch viele weitere Workshops, z. B. „Kochen für Kerle") biete Katy Rosales in ihrer Koch-schule in Palmas Schlemmerviertel Santa Catalina an. Das Schönste: Nach dem Schnippeln und Brutzeln wird gefeiert, und man verputzt mit seinen netten Mitstreitern seine selbst produzierten Köstlichkeiten.

Lernen im Einsatzgebiet: Der Kochkurs findet in der Kombüse einer Yacht statt

The Galley Club / Carrer Cotoner 21, Palma
Kurse ca. 40 Euro / Preise: ★★★☆☆ / www.thegalleyclub.com

82 # TEIXITS VICENS

STOFF *ZUM TRÄUMEN*

Seit 1854 stellt die Textilwerkstatt VICENS die Stoffe mit dem Zungenmuster her

Ob Kleid oder Kissen, Taschen, Espadrilles oder Vorhänge – die gewebten Stoffe aus Baumwolle und Leinen sind eine wundervolle Erinnerung an Mallorca, denn hier werden sie noch traditio-nell gewoben. Die Roba de llengües (Zungen-stoffe) werden mit der Ikat-Technik hergestellt – kurz gesagt, das Garn wird vorher in Abschnitten eingefärbt – und haben eine Jahrhunderte alte Tradition. Falls Sie Zeit haben, machen Sie eine Führung durch die Werkstatt, bei der Sie Schritt für Schritt erleben, wie diese Muster entstehen.

Teixits Vicens / Rotonda de
Can Berenguer, Pollença
Mo-Fr 9-18 Uhr, Sa 10-14 Uhr, Führungen
Mo-Fr 9-12.30 Uhr / Preise: ★★★☆☆
www.teixitsvicens.com

CHOPIN-MUSEUM

83

Manchmal, so sagen Einheimische, kann man sie hören, die zarten Klänge der „Regentropfen-Prélude", die Frédéric Chopin im Winter 1838 im Kloster von Valldemossa komponierte. Mit seiner Geliebten, der Schriftstellerin George Sand, hatte er auf Mallorca die Wärme gesucht. Doch es war feucht und kalt, Chopin war es schwer ums Herz. Seine bescheidene Zelle und einige private Stücke kann man heute besichtigen – am besten natürlich an einem Regentag.

Chopins Pleyel-Klavier kam erst kurz vor seiner Abreise in Vallde-mossa an. Heute steht es im Museum

Chopin-Museum / Plaça Cartoixa, Valldemossa / Apr-Okt 10-18 Uhr, So 10-15.30 Uhr, Nov-März 10-15.30 Uhr
Eintritt 4 Euro
Preise: ★★☆☆☆
www.celdadechopin.es

LIEBESNEST
DES KOMPONISTEN

PALMA JUMP

HOCH
HINAUS

84

Hier dürfen auch Erwachsene im Bällebad spielen – jetzt wissen wir, warum die Kleinen immer zu Ikea wollen

Immer zur vollen Stunde öffnen sich die Türen zur Halle, in der 100 Trampoline stehen. Man bekommt eine kurze Einführung und kann loshüpfen. Macht den Kopf frei, ein Spaß für Groß und Klein. Es gibt täglich Kurse und Freitag ab 21 Uhr eine Trampolin-Party (ab 16 Jahren). Wer mag, kann auch Slacklining probieren – eine Art Seiltanz.

Palma Jump / Im Industrie-gebiet Son Moix, Carrer del Tèxtil 3, Solar 33, Palma
So-Do 9-22, Fr 9-23, Sa 9-24 Uhr / Eintritt 10 Euro für die 1. Stunde, danach 5 Euro / Preise: ★★☆☆☆
www.palmajump.com

Die neue Leichtigkeit: Im PALMA JUMP springt man auf über 100 Trampolinen dem Frust davon

GALERIE HORRACH MOYA

85

Riesige, schillernde Pilze der Schweizer Objektkünstlerin Sylvie Fleury in der GALERIE HORRACH MOYA

ERST KUNST, *DANN COCKTAILS*

Für feinsinnige Gespräche nach dem Kunstgenuss: das SADRASSANA

Ein Museum mit einer der coolsten Bars der Stadt? Oder eine Bar, die sich den Luxus einer Galerie leistet? Egal: Wer die großartigen Ausstellungen moderner Kunst in der Galerie Horrach Moya besucht, sollte danach auf einen Drink ins Sadrassana gehen. Hier wurde 2016 eine Episode des Thrillers „The Night Manager" mit „Dr. House" Hugh Laurie gedreht, und das Interieur ist wahrlich filmreif. Wir sagen nur: Kronleuchter, Spiegel, schwere Stoffe und perfekt gemixte Cocktails.

Galerie Horrach Moya und Sadrassana
Plaça de la Drassana 15, Palma
Galerie und Restaurant tgl. 18-1 Uhr
Preise: ★★★★☆
www.horrachmoya.com

SCHLENDERN FÜR *GOURMETS*

BUNTE *PROMI-TIPP:*

„Mallorca ist auch bei Regen nicht langweilig! Erst die alten arabischen Bäder besichtigen und dann in die Gerhardt Braun Gallery. Abends empfehle ich allen, die kreative Köstlichkeiten genießen wollen, das Petit Ca'n Punta Port – mein Restaurant, in dem ich sie persönlich begrüße, wenn ich auf der Insel bin."

SONJA KIRCHBERGER
SCHAUSPIELERIN

86

WASSER *MARSCH!*

Wie von Geisterhand sprudelt plötzlich Wasser aus dem Boden

SES FONTS UFANES

Schnell muss man sein: Wenn im Tramuntana-Gebirge starker Regen fällt, sprudeln Wasserquellen an vielen Stellen des Eichenwaldes bei Campanet wie von Zauberhand aus dem Boden und verwandeln das Gebiet in eine mystische Flusslandschaft. Nur zwei bis drei Tage dauert das Naturschauspiel, dann ist der Spuk wieder vorbei. Am besten parkt man an der Wallfahrtskirche Sant Miquel und läuft von dort zum Eingang des Landgutes Finca Gabellí Petit. Nach einer Viertelstunde auf den – noch trockenen – Waldwegen hört man es plätschern …

Ses Fonts Ufanes / Finca Gabellí Petit, Campanet / Nur bei starkem Regen, am besten im Hotel nachfragen / Preise: ★★★★★

MERCADO SAN JUAN

87

Fritiert, heiß und lecker: Die Croquetas gibt es in unzähligen Variationen

Jaaa, wir lieben Märkte, wir fotografieren mit großer Freude exotische Gemüseberge, um danach mit zugekniffener Nase durch die Fischhalle zu eilen. Am liebsten würden wir die Einkaufskörbe vollpacken, aber wer keine Ferienwohnung mit Küche hat, muss es beim Staunen belassen. Wunderbar, dass es die Markthalle San Juan gibt, in der man von Stand zu Stand schlendert und überall kleine Köstlichkeiten essen (und trinken) kann, z. B. bei La Vermu Tortilleria, die 14 verschiedene Tortillas und mallorquinischen Vermouth anbietet.

Mercado San Juan / Carrer de l'Emperadriu Eugènia 6, Palma (Parkhaus nebenan) / Mo-Fr 19-24, Sa 12.30-2.00, So 12.30-23 Uhr / Preise: ★★★★★ / www.mercadosanjuanpalma.es

HAMMAM
PALMA

Ein Besuch im HAMMAM ist ein sinnliches Erlebnis – es ist ein orientalisches Bad mit allem, was dazugehört: heiße Marmorbänke, warmes Wasser, sanft flackerndes Kerzenlicht, der Duft von Minze und Weihrauch. Nach dem sanften Peeling ist die Haut weich und glänzend, die Abwehrkräfte werden aktiviert, und die Gedanken sind noch tagelang am Schweben

CA'N JOAN DE S'AIGO

Eine Institution: Im Café Ca'n Joan de S'aigo eine Xocolata calenta, eine heiße Schokolade, bestellen, die bei uns eher als Pudding durchgehen würde, und dazu eine warme Ensaïmada. Das in Fett ausgebackene, schneckenförmige Gebäck macht augenblicklich glücklich. Hier ist die Zeit stehengeblieben – niemand wäre überrascht, wenn Joan Miró hereinkommen würde.

Ca'n Joan de S'aigo / Dreimal in Palma, z. B. Carrer de Can Sanç 10 und Carrer del Baró de Santa Maria del Sepulcre 5 / Tgl. 8-21 Uhr
Preise: ★★★★★
www.canjoandesaigo.com

Das Café ist seit dem 19. Jahrhundert eine Institution in Palma

Es heißt, die besten Ensaïmadas – hier mit Aprikosen – gibt es im CA'N JOAN DE S'AIGO

88

SÜSSES GEGEN *REGENWOLKEN*

HAMMAM PALMA

89

Im Pool des HAMMAM schwebt man in meditativer Trance

AUSFLUG IN *1001 NACHT*

Gedämpftes Kerzenlicht, warmes Wasser, duftender Schaum – da kann das Wetter draußen noch so ungemütlich sein, hier atmet man einmal tief ein und ist sofort in einer anderen Welt. Der Hammam bietet verschiedene Verwöhnpakete an: von der einstündigen Aromatherapie für 30 Euro bis zum Sherezade-Ritual, bei dem man nach dem Peeling auf einem heißen Marmorstein eine 60-minütige Massage genießt, für 120 Euro. Aus den Lautsprechern perlen orientalische Klänge, der Minztee kommt aus einer Silberkanne – da kann man nur noch schnurren.

Hammam Palma / Carrer de Costa i Llobera 20, Palma / Di-So 10-22 Uhr
Preise: ★★★★☆ / www.hammampalma.com

90

Aquarien haben eine beruhigende Wirkung. Deswegen ist es schön, dass man sich entspannt hinsetzen kann

BESUCH *BEI NEMO*

Nemos Freunde, die putzigen Clownfische, sind die heimlichen Stars

Wunderschöne Unterwasserwelt: Wie einzigartig und schützenswert sie ist, wird hier jedem bewusst

PALMA AQUARIUM

Weltmeere im Kleinformat: Elegant gleiten Rochen vorbei, Seepferdchen wippen durchs Wasser und intelligente Kraken schauen die Besucher so interessiert an, dass man glauben könnte, man sei selbst die Attraktion. Für Mutige: Wer einen Tauchschein hat, kann sich für die Fütterung der Haie im fast neun Meter tiefen „Big Blue"-Haifischbecken bewerben (Neoprenanzug wird gestellt). Kinder dürfen mit Rochen schnorcheln oder im Schlafsack bei den Haien übernachten. Zum Aquarium gehört ein Meeresschutzzentrum, das bis heute 60 Meeresschildkröten und 87 Wale gerettet hat. Nachahmenswert!

Palma Aquarium
Carrer de Manuela de los Herreros 21, Palma / Sommer tgl. 9.30-18.30, Winter Mo-Fr 10-15.30 Uhr / Eintritt 22,50, Kinder 14 Euro / Preise: ★★★☆☆
www.palmaaquarium.com

EIN HOCH AUF DIE
NEBENSAISON!

Die Schwestern Marlene und Natalie Burba sind Mallorca-Kenner. Ihre Eltern führen das Bistro Pablo in Santanyí. Die Geschwister aus dem Münsterland sind seit Jahren auf der Insel unterwegs, auf ihrem Blog www.Mallorca-Momente.com teilen sie ihre Entdeckungen. Hier schildern sie Mallorcas Reize im Winter

Mallorca im Winter? Kann die Insel da überhaupt was? Diese Frage bekommen wir immer und immer wieder gestellt und wir können dazu nur sagen: aber unbedingt! Wir kommen bereits seit über zehn Jahren im Winter hierher und lieben diese spezielle Jahreszeit auf Mallorca. Warum? Das hat viele Gründe. Das Thermometer zeigt gerne über 20 Grad, kein Wölkchen ist am Himmel, und wir legen

uns jetzt in eine windstille Ecke an die menschenleeren Strände. Die Mallorquiner nennen diese Zeit „pequeño verano" – der kleine Sommer. Zwar haben viele Hotels geschlossen, doch die meisten Fincas kann man ganzjährig buchen. Die Preise sind im Winter am niedrigsten, auch Mietwagen sind unschlagbar günstig. Und ein Auto brauchen wir jetzt! Denn der Winter ist die richtige Zeit, um Ausflüge zu machen. Im Hochsommer ist es dafür oft viel zu heiß und man verbringt die Zeit lieber am Meer.

Wer die Insel nur im Juli oder August kennt, der wird seinen Augen kaum trauen. Im Winter explodiert die Natur auf Mallorca förmlich. Ob saftige, kleebedeckte Felder oder rot getupfte Mohnblumenwiesen – die wild wuchernde Blumenpracht und das mediterrane Licht sind eine Wohltat, wenn man aus dem grauen Winterdeutschland kommt. Als hätte jemand den Lichtschalter angeknipst! Im Januar und Februar verzaubern tausende Mandelbäume die Landschaften in ein weißrosafarbenes Blütenmeer. Frühlingsgefühle inklusive und beeindruckender als jeder Schnee, wetten? Und als ob die blühende Landschaft allein nicht schon genug wäre, ist jetzt auch die Zeit der Lämmchen. Überall staksen die niedlichen Tiere auf den Blumenwiesen herum. Ostern mitten im Winter – einfach nur wunderschön und unglaublich erholsam!

Ihre Inselerlebnisse beschreiben Marlene (l.) und Natalie Burba auf ihrem zauberhaften Blog

SCHLECHTES WETTER *gibt's nicht!*

82

86

83

84

88

81

89

85

87

90

81 THE GALLEY CLUB Carrer Cotoner 21, Palma / 82 TEIXITS VICENS Rotonda de Can Berenguer, Pollença / 83 CHOPIN-MUSEUM Plaça Cartoixa, Valldemossa 84 PALMA JUMP Carrer del Tèxtil, 3, Solar 33, Palma / 85 GALERIE HORRACH MOYA Plaça de la Drassana 15, Palma / 86 SES FONTS UFANES Finca Gabellí Petit, Campanet 87 MERCADO SAN JUAN Carrer de l'Emperadriu Eugènia 6, Palma / 88 CA'N JOAN DE S'AIGO Carrer de Can Sanç 10, Palma / 89 HAMMAM PALMA Carrer de Costa i Llobera 20, Palma / 90 PALMA AQUARIUM Carrer de Manuela de los Herreros 21, Palma

Wenn es bei uns noch grau und ungemütlich ist, beginnt auf Mallorca die Zeit der MANDELBLÜTE. Schon Anfang Februar ist die Insel voller weißgetupfter Bäume, überall duftet es, und in Son Servera findet das Mandelblütenfest statt

MALLORCA
hautnah

Eine Rundreise,
um die Insel zu verstehen

DIE ESSENZ DER INSEL besteht wie ein sorgfältig
komponiertes Parfüm aus vielen Zutaten: dem
Duft von Mandelblüten und dem leicht salzigen
Geschmack einer Tintenfisch-Paella, dem Zischen
und Gurgeln, wenn die Wellen in Felshöhlen
schwappen, dem Klappern von Tellern und Gläsern an einem Marktstand, traditionellen Volkstänzen und wilden Partynächten ... Wir nehmen
Sie mit an Orte, an denen Sie Mallorca spüren

BALLERMANN 6 heißt mittlerweile Beach Club Six und hat an Coolness gewonnen

Den besten Blick hat man auf der Strandmauer

PARTY WIE AN DER *COPACABANA*

BALLERMANN 91

Man muss sich darauf einlassen – dann macht es richtig Spaß! Das sechs Kilometer lange Strandstück der Platja de Palma hat immer noch den Ruf, Oktoberfest und Kölner Karneval auf einmal zu sein. Ja – es gibt den Bierkönig und das Oberbayern, in denen hemmungslos gefeiert wird. Aber auf der Promenade herrscht einfach fröhliche Urlaubsstimmung, es wird getanzt und heiß geflirtet, Sangria gibt's in Gläsern und nicht mehr aus Eimern, und viele der frisch renovierten Hotels sind mittlerweile so chic, dass sie auch in Miami oder Rio de Janeiro stehen könnten – für einen Bruchteil des Preises. Ausprobieren!

Ballermann ist eine Verballhornung von „balneario" So werden die Strandbuden genannt / Carretera de l'Arenal 45 a, Palma / Preise: ★★★★★

BAR JOAN FRAU 92

Moment, ist das nicht Juan Carlos, der da am Tresen steht? Mit dem ehemaligen König oder anderen Prominenten Paella zu essen, kann an dem kleinen Stand im Mercat de Santa Catalina immer passieren. Für das Traditionsgericht mit Sepia – Tintenfisch – ist Joan Frau berühmt. Dienstag, Donnerstag und Samstag muss man bis 12 Uhr da sein, sonst geht man leer aus. Auch für andere deftige Speisen ist man dort richtig, etwa für Frito Mallorquin, einen Eintopf aus Innereien.

Bar Joan Frau / Mercat de Santa Catalina, Plaça de la Navegació, Palma / Di-Sa 6-16 Uhr / Preise: ★★★★★
www.mercatdesantacatalina.com

Bar Joan Frau — Berenars i Cuina Mallorquina

Frau des d'Agost de 1966

1966 wurde das JOAN FRAU eröffnet, heute führen es die Söhne erfolgreich weiter

WO ES AUCH *DEM KÖNIG SCHMECKT*

PAELLA & *PIRATEN*

93

Früher trugen die Besitzer noch Piratenkostüme, heute vermittelt nur die offene Feuerstelle Seeräuber-Flair

RESTAURANTE SA FORADADA

Glücklich, wer ein Boot hat, um in die Bucht zu kommen. Alle anderen müssen einen vier Kilometer langen Serpentinenweg ab Son Marroig zurücklegen. Doch es lohnt sich! Alles einfach und urig – die am offenen Feuer gekochte Paella, die Chipirones (frittierte Baby-Kalamares) und der Sprung ins tintenblaue Meer machten schon Brad Pitt happy.

SA FORADADA heißt „die Durchlöcherte" – wegen der berühmten Felsformation

Sa Foradada / Diseminado Sa Foradada 2, Deià
April-Okt Fr-Mi 12-18 Uhr / unbedingt reservieren
unter +34 616 08 74 99 / Preise: ★★★☆☆

94

FLOR D'AMETLER

Mallorcas Mandelblütenduft als Parfüm

Den köstlichen Blütenduft der Insel einfangen und mit nach Hause nehmen, wäre das nicht wunderbar? Bitteschön: mit dem Parfüm aus Mandelblüten, das der Mallorquiner Bernardo Vallori schon vor über 70 Jahren kreiert hat. Noch heute werden im Februar die weißen und rosafarbenen Blüten per Hand gesammelt und die schönsten vorsichtig in der Flasche platziert. Ein Besuch der Parfümwerkstatt ist im wahrsten Sinne des Wortes – dufte!

MALLORCA *IN DER FLASCHE*

Flor d'Ametler / Camí Can Frontera 73, Pont d'Inca
Mo, Mi, Fr 8-14 Uhr, Führungen Mi 10+12 Uhr
Preise: ★★★☆☆ / www.flordametler.com

INSELFESTE

Wenn Sie zu einem Feiertag auf Mallorca sind, freuen Sie sich! Die Mallorquiner feiern gern und häufig, und Sie haben das Glück, wunderbare Traditionen mitzuerleben. Beispielsweise am 5. Januar, wenn die Heiligen Drei Könige in einem fantasievollen Umzug durch die Straßen ziehen und die Kinderwangen vor Aufregung glühen: Am Abend, nicht an Weihnachten, ist für sie Bescherung. Oder am 1. März, dem Balearen-Tag, an dem überall Konzerte stattfinden, das beste Ensaïmada-Gebäck gekrönt wird und mallorquinische Spezialitäten auf der Avinguda de Gabriel Roca verkauft werden.

95

Feiertage / Wo was los ist, erfährt man im Hotel oder online, z. B. unter www.mallorcazeitung.es, www.inselradio.com oder www.visitpalma.com/de
Preise: ★★★★★

Vor den dimoni, den Teufeln, fürchtet sich am Nationalfeiertag keiner mehr

EINFACH *MITFEIERN!*

BUNTE *PROMI-TIPP:*

„Die Klosteranlage Santuari de la Consolació in S'Alqueria Blanca gehört für mich zu den schönsten Plätzen der Insel. 200 Meter über dem Meeresspiegel gelegen hat man einen fantastischen Weitblick, eine einzigartige Ruhe und traumhafte Sonnenuntergänge. Hier habe ich meine Frau Hanna 2017 mit einem Heiratsantrag überrascht."

JÖRN SCHLÖNVOIGT
SCHAUSPIELER

MERCAT DE L'OLIVAR

Im Mercat de l'Olivar taucht man tief ein in das kulinarische Herz der Insel. Hier gehen frühmorgens die Spitzenköche, etwas später die Hausfrauen und noch später die Touristen einkaufen. Wobei letztere sich an den Ständen mit Käse und Meeresfrüchten, Oliven und Gewürzen, Weinen und Kuchen Appetit holen – und dann erwartungsfroh zum Mittagessen einkehren.

Von allem viel und alles köstlich: Auf dem Markt gibt es Dutzende von Olivensorten

96

Mercat de l'Olivar / Plaça de l'Olivar, Palma / Mo-Do 7-14.30, Fr 7-20, Sa 7-15 Uhr / Preise: ★★☆☆☆ / www.mercatolivar.com

SONNENUNTERGANG

97

Die Sonnenuntergänge auf Mallorca folgen einem besonderen Drehbuch – und die rosaviolette Magie kann man an vielen Orten erleben, ob auf der Mauer unterhalb der Kathedrale oder im Süden am Cap des ses Salines, am Cap Formentor oder am Torre de ses Ànimes. Wichtigste Regel: genießen – nicht nur fotografieren.

Cap des ses Salines / Ab dem Leuchtturm rechts laufen, auf die Steine setzen und dem Himmelsschauspiel zuschauen

Das Cap des ses Salines ist der südlichste Punkt der Insel mit Blick auf die „Ziegeninsel" Cabrera

SUNSET ZUM
NIEDERKNIEN

MIRÓ-MUSEUM

In der FUNDACIÓ PILAR I
JOAN MIRÓ versteht man die
Liebe, die den in Barcelona
geborenen Künstler und seine
Frau Pilar mit Mallorca verban-
den. Man kann den ganzen
Tag hier verbringen – oder immer wiederkommen: Die Jah-
reskarte kostet nur 12 Euro

PALACIO REAL DE LA ALMUDAINA

98

Imposant: Der ALMUDAINA-PALAST war im 12. Jahrhundert die Festung der arabischen Herrscher

Direkt neben der Kathedrale steht der Palast, umgeben von einer Parkanlage

IM BÜRO
DES KÖNIGS

Hier ist Papas Büro: König Felipe, Letizia und die Töchter Leonor und Sofia auf Mallorca

Ein König hat nie Urlaub. Wenn die spanische Royal Family in den Sommerferien auf Mallorca weilt, arbeitet König Felipe im 20 000 Quadratmeter großen Almudaina-Palast gegenüber der Kathedrale, seinem Amtssitz fern von Madrid. Hier werden Entscheidungen getroffen, gewohnt wird im fünf Kilometer entfernten Palau de Marivent. Das wuchtige Bauwerk ist an einer Stelle erbaut, die schon für die Römer Bedeutung hatte, später zur arabischen Festung wurde und Anfang des 14. Jahrhunderts sein heutiges Gesicht bekam. Im Thronsaal spürt man, welche historische Dimension der Palast hat, hier wurde und wird immer noch Geschiche geschrieben.

Palacio Real de la Almudaina
Carrer del Palau Reial, Palma
Di-So 10-20 Uhr, Okt.-März
10-18 Uhr / Eintritt 7 Euro
Preise: ★★☆☆☆
www.patrimonionacional.es

URLAUB *WIE DIE STARS*

Die Freiheit,
die ich meine:
Auf einer Yacht
ist man völlig
ungestört

99

YACHT CHARTERN

Charter für Luxusyachten
Preise: ★★★★
www.oceanindependence.com;
kleine Boote: www.clickandboat.com/de

Stars lieben die Freiheit, die sie in keinem Luxushotel finden: Mit einer Yacht über die Wellen preschen, danach in einer einsamen Bucht ankern, wo ein gepflegter Lunch an Deck serviert wird, ungestört schwimmen und planschen und abends direkt vor den coolsten Restaurants anlegen und feiern. Für diesen Luxus muss man mit mindestens 2000 Euro pro Tag rechnen, aber um die Promis in ihren ruhigen Buchten zu besuchen oder an einen ruhigen Strand zu fahren, reicht ja auch ein motorisiertes Schlauchboot. Das gibt's bereits ab 300 Euro.

100

MIRÓ-MUSEUM

Er fing das Licht der Insel, ihre Farben und Formen ein: Von 1956 bis zu seinem Tod 1983 lebte Joan Miró auf Mallorca, und seine Werkstatt sieht aus, als wäre der große Künstler nur kurz einen Kaffee trinken und käme gleich zurück – unvollendete Gemälde stehen ebenso wie halbvolle Farbeimer herum. „Wenn ich nicht mehr da bin, sollen die Ateliers erhalten bleiben", hatte er verfügt. Unser Glück: Wir erleben seine Gemälde und Skulpturen dort, wo sie entstanden.

Fundació Pilar i Joan Miró
Carrer Joan de Saridakis 29, Palma
Di-Sa 10-18, So 10-15 Uhr
Eintritt 7,50 Euro
Preise: ★★★★★
www.miromallorca.com

ATELIER-*BESUCH*

Nicht nur Mirós Kunst (hier: „Femme et Oiseau"), auch der Museumsbau von Architekt Rafael Moneo lohnen den Besuch

WO FINDEN WIR DAS
WAHRE MALLORCA?

Alexander Sepasgosarian ist Chefredakteur des deutschsprachigen Mallorca Magazins und kennt auf der Insel jeden Winkel (und jede gute Story). Wohin würde er uns schicken, um das ursprüngliche und unverfälschte Mallorca zu erleben?

Port des Canonge ist nichts für Flachlandindianer. Wem schon auf der Serpentinenstraße nach Sa Calobra der Angstschweiß ausbricht, dessen Nerven werden auf der viel schmaleren, aber umso kurvigeren Strecke nach Port des Canonge erst recht auf die Probe gestellt. Die winzige Seitenstraße der MA-10-Bergmagistrale überwindet auf engstem Raum rund 150 Höhenmeter und endet schließlich nach fünf Kilometern in dem winzigen Ort an der Tramuntana-Küste. Ein beschauliches Dörfchen aus traditionellen Sommerhäusern, charakteristischen Bootsgaragen, Escars genannt, sowie einigen Chalets. Keine 60 Menschen wohnen in der Siedlung. Port des Canonge, umgeben von seinen archaischen Bergwäldern, ist ein besonders urtümliches Stück Mallorca. Nicht nur wegen seiner Abgeschiedenheit, sondern auch wegen seiner rotlilafarbenen Meeresklippen an der Küste. Sie machen den Ort zum ältesten Winkel der Insel. Denn der farbintensive Buntsandstein ist erdgeschichtlich viele Millionen Jahre früher entstanden als das weißgraue Kalkgestein, aus dem Mallorca überwiegend besteht. Was hat Port des Canonge außer dramatischer Natur, atemberaubenden Panoramablicken und einem Geröll- und Kiesstrand samt kristallklarem Wasser noch zu bieten? Zwei Lokale, in denen vor allem Einheimische bewährte Inselgerichte zu genießen wissen. Hinzu kommen Wanderwege, die etwa ins zehn Kilometer entfernte Banyalbufar führen. Der Küstenpfad wird gesäumt von einsamen Badestellen, an denen man nicht ohne Badeschuhe und Taucherbrille ins Wasser gehen sollte. Es könnten Feuerquallen da sein. Sind sie abwesend, lässt sich – auf eigene Gefahr – kaum ein perfekterer Ort für Schnorchelspaß finden. Fazit: Die Anfahrt sorgt dafür, dass selten zu viele Besucher nach Port des Canonge aufbrechen. Wer sich dennoch auf den Weg macht, kann dort an manchen Tagen einen der schönsten Flecken der Insel mitunter ganz für sich alleine haben.

Alexander Sepasgosarian, Chefredakteur des Mallorca Magazins

Port des Canonge ist nicht einfach zu erreichen. Dafür hat man es fast für sich allein

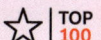

MALLORCA *sehen und spüren*

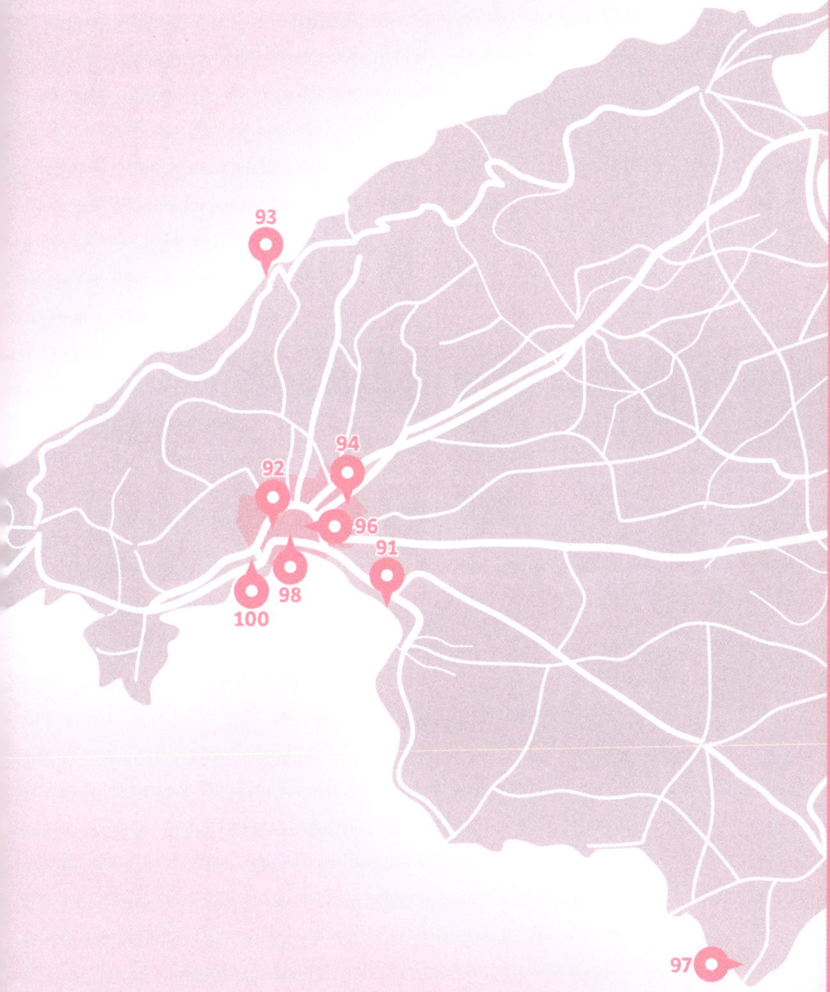

93

94

92

96

91

98

100

97

91 BALLERMANN Carretera de l'Arenal 45a, Palma / 92 BAR JOAN FRAU Mercat de Santa Catalina, Plaça de la Navegació, Palma / 93 RESTAURANTE SA FORADADA Diseminado Sa Foradada 2, Deià / 94 FLOR D'AMETLER Camí Can Frontera 73, Pont d'Inca 96 MERCAT DE L'OLIVAR Plaça de l'Olivar, Palma / 97 SONNENUNTERGANG Cap de ses Salines / 98 PALACIO REAL DE LA ALMUDAINA Carrer del Palau Reial, Palma 100 FUNDACIÓ PILAR I JOAN MIRÓ Carrer Joan de Saridakis, Palma

Ku'damm oder Kö? Keins von beiden,
in Palma flaniert man über den PASSEIG
DES BORN, setzt sich in die legendäre
Bar Bosch oder bummelt durch die
Geschäfte. Im 15. Jahrhundert war
der Born ein reißender Strom, heute
spazieren wir durch das Flussbett

PASSEIG
DES BORN

100
HOT-SPOTS

SORTIERT NACH
FERIEN-REGIONEN

PALMA

 RESTAURANTS

1 THE DUKE (S. 20)
Carrer Soler 36, 07013 Palma

2 ADRÍAN QUETGLAS (S. 20)
Passeig de Mallorca 10, 07012 Palma

3 CANELA (S. 21)
Carrer de Sant Jaume 13, 07012 Palma

4 NURU (S. 21)
Carrer d'Anníbal 11, 07013 Palma

5 LA BODEGUILLA (S. 22)
Carrer de Sant Jaume 3, 07012 Palma

8 QUADRAT (S. 26)
Plaça de Sant Francesc 5, 07001 Palma

9 FERA (S. 26)
Carrer de la Concepció 4, 07012 Palma

10 MARC FOSH (S. 27)
Carrer de la Missió 7 a, 07003 Palma

 HOTELS

11 CORT (S. 34)
Plaça de Cort 11, 07001 Palma

12 CASTILLO SON VIDA (S. 34)
Raixa 2, 07013 Son Vida bei Palma

15 HOTEL TRES (S. 36)
Carrer d'Apuntadors 3, 07012 Palma

16 CAN BORDOY (S. 36)
Forn de la Glòria 14, 07012 Palma

17 GLÒRIA DE SANT JAUME (S. 37)
Carrer de Sant Jaume 18, 07012 Palma

19 SANT FRANCESC (S. 40)
Plaça de Sant Francesc 5, 07001 Palma

SHOPS

31 FRIDA WATSON (S. 62)
Carrer d'Anníbal 5, 07013 Palma

34 TREE OF LIFE (S. 64)
Carrer Sant Joan 3, 07012 Palma

37 OPIA (S. 65)
Carrer Brondo 5, 07001 Palma

39 BCONNECTED (S. 68)
Carrer Dameto 4-6, 07013 Palma

40 RIALTO LIVING (S. 69)
Carrer Sant Feliu 3, 07012 Palma

 CLUBS UND PARTY

41 RUTA MARTIANA (S. 76)
Stadtviertel Sa Gerreria, Palma

44 CASTELL DE BELLVER (S. 78)
Carrer de Camilo José Cela, 07014 Palma

46 TITO'S (S. 79)
Avinguda de Gabriel Roca 31, 07014 Palma

47 EL CAMINO (S. 82)
Carrer de Can Brondo 4, 07001 Palma

48 HOTEL HOSTAL CUBA SKY BAR (S. 82)
Carrer de Sant Magí 1, 07013 Palma

 TAPASBARS

62 WINEING (S. 102)
Carrer Apuntadores 24, 07012 Palma

63 LA ROSA VERMUTERÍA (S. 103)
Carrer de la Rosa 5, 07003 Palma

64 LA CUEVA (S. 104)
Carrer dels Apuntadors 5, 07012 Palma

65 LA BÓVEDA (S. 105)
Carrer de la Boteria 3, 07012 Palma

66 OMBU (S. 105)
Passeig del Born 5-7, 07012 Palma

67 SMACK (S. 108)
Carrer de la Fàbrica 14 a, 07013 Palma

68 TAST UNIÓN (S. 68)
Carrer de la Unió 2, 07001 Palma

69 LA TAPERIA (S. 109)
Carrer de Montenegro 10, 07012 Palma

VIP-WATCHING

71 M-MOMENTS (S. 116)
Carrer Poima 8, 07011 Palma

75 ISABEL GUARCH (S. 119)
Plaça del Mercat 16, 07001 Palma

76 SON-VIDA-VIERTEL (S. 119)
07013 Son Vida bei Palma

77 ROSA CLARÁ (S. 122)
Avenida de Jaume III 29, 07012 Palma

80 PALMA SPORT & TENNIS CLUB (S. 123)
Carrer Joan Maria Thomàs 4, 07014 Palma

FÜR REGENTAGE

81 THE GALLEY CLUB (S. 130)
Carrer Cotoner 21, 07013 Palma

84 PALMA JUMP (S. 131)
Carrer del Tèxtil 3, Solar 33, 07011 Palma

85 GALERIE HORRACH MOYA (S. 132)
Plaça de la Drassana 15, 07012 Palma

87 MERCADO SAN JUAN (S. 133)
Carrer de l'Emperadriu Eugènia 6, 07010 Palma

88 CA'N JOAN DE S'AIGO (S. 136)
Carrer de Can Sanç, 07001 Palma

89 HAMMAM PALMA (S. 136)
Carrer de Costa i Llobera 20, 07005 Palma

90 PALMA AQUARIUM (S. 137)
Carrer de Manuela de los Herreros 21, 07610 Palma

MALLORCA VERSTEHEN

92 BAR JOAN FRAU (S. 144)
Mercat de Santa Catalina, Plaça de la Navegació, 07013 Palma

95 FESTE AUF DER INSEL (S. 146)
Verschiedene Orte

96 MERCAT DE L'OLIVAR (S. 147)
Plaça de l'Olivar, 07002 Palma

FORNALUTX in Mallorcas
Nordwesten gilt als einer der
hübschesten Orte Spaniens

98 PALACIO REAL DE LA ALMUDAINA
(S. 150) Carrer del Palau Reial, 07001 Palma

99 YACHT CHARTERN (S. 151)
Verschiedene Anbieter auf der Insel

100 MIRÓ-MUSEUM (S. 151)
Carrer Joan de Saridakis 29, 07015 Palma

DER SÜDWESTEN & DAS TRAMUNTANA-GEBIRGE

 RESTAURANTS

7 ZARANDA (S. 23)
Carretera Es Capdellà-Galilea, km. 1.7,
28010 Es Capdellà

ES TALLER (S. 28)
Carrer de Santiago Russiñol 1,
07170 Valldemossa

 HOTELS

13 BONSOL (S. 35)
Passeig Illetes 30, 07181 Illetes

14 SA VALL (S. 35)
Camí de Son Escanyelles 19,
07070 Valldemossa

 STRÄNDE

23 LILA PORTALS (S. 49)
Passatge a la Mar 1, Portals Nous

24 CALA DEIÀ (S. 49)
Urbanización Sa Cala bei Deià

29 CALA ILLETES (S. 54)
Carrer Cala Comtesa 6, Illetes

30 PUROBEACH (S. 55)
Passeig Illetes 58 b, Illetes

 SHOPS

38 FET A SÓLLER (S. 68)
Plaça de Mercat 1, 07100 Sóller

 CLUBS UND PARTY

42 BCM PLANET DANCE (S. 76)
Avinguda S'Olivera 14,
07181 Magaluf

43 PORT ADRIANO (S. 77)
Urbanización El Toro,
07180 Calvià

45 UPPEREAST (S. 78)
Urbanización El Toro,
07180 Calvià

49 NIKKI BEACH (S. 83)
Avinguda Notario Alemany 1,
07181 Magaluf

 AUSFLÜGE

51 ALFÀBIA-GÄRTEN (S. 90)
Carretera Palma-Sóller, km. 17,
07110 Bunyola

57 SA DRAGONERA
Insel vor Sant Elm (S. 93)

58 TRAMUNTANA-GEBIRGE (S. 96)

 TAPASBARS

61 CA'N PINTXO (S. 102)
Carrer de la Rectoria 1, 07100 Sóller

 VIP-WATCHING

72 RALLY CLÁSICO (S. 116)
07181 Puerto Portals

73 CAP ROCAT (S. 117)
Calletra de Cap Enderrocat,
07609 Cala Blava

74 RITZI RESTAURANT (S. 118)
Calletra Vella 9, 07181 Puerto Portals

78 CALA CAP FALCÓ (S. 122)
Carrer Cap Falco 19, Cap Falcó,
07181 Calvià

 FÜR REGENTAGE

83 CHOPIN-MUSEUM (S. 131)
Plaça Cartoixa, 07170 Valledemossa

 MALLORCA VERSTEHEN

93 RESTAURANTE SA FORADADA (S. 145)
Diseminado Sa Foradada 2, 07179 Deià

95 FESTE AUF DER INSEL (S. 146)
Verschiedene Orte

97 SONNENUNTERGANG (S. 147)
07650 Cap de ses Salines

DER NORDEN & NORDOSTEN

 STRÄNDE

21 CALA AGULLA (S. 48)
Camino de Cala Agulla, bei Capdepera

22 PLATJA FORMENTOR (S. 48)
Bei Pollença

27 PONDEROSA BEACH (S. 50)
Ses Casettes des Capellans,
Playas de Muro

 SHOPS

32 AMETLLA+ (S. 63)
Carrer de Ciutat 17, 07570 Artà

33 DOMUS ART (S. 63)
Carrer de Ciutat 12, 07570 Artà

 AUSFLÜGE

59 MUSEO SA BASSA BLANCA (S. 97)
Camí del Coll Baix, Es Mal Pas,
07400 Alcúdia

Meerblick mit Zugabe: Irgendwo schiebt sich immer eine Yacht ins Bild

 VIP-WATCHING

79 GOLFCLUB ALCANADA (S. 123)
Carretera del Faro, 07400 Port d'Alcúdia

 FÜR REGENTAGE

82 TEIXITS VICENS (S. 130)
Rotonda de Can Berenguer,
07460 Pollença

DER SÜDEN & DAS LANDESINNERE

 RESTAURANTS

6 SALICORNIA (S. 22)
Carrer Gabriel Roca 55,
07638 Colònia de Sant Jordi

 HOTELS

18 LAZY FINCA (S. 40)
Camí de Son Valls 246,
07200 Felanitx

20 CAL REIET (S. 41)
Carrer de Cal Reiet 80, 07650 Santanyí

 STRÄNDE

25 CALA PI (S. 50)
Carrer Pedreres 6, bei Llucmajor

26 CALA MÀRMOLS (S. 51)
Bei Santanyí

28 CALA SANTANYI (S. 54)
Carrer sa Costa Dets Ètics 23, Cala Santanyí

 SHOPS

35 FLOR DE SAL D'ES TRENC (S. 64)
Carretera Campos-Colònia Sant Jordi,
km. 8.7, 07630 Campos

36 MALLORCA FASHION OUTLET (S. 65)
Autobahn Palma-Inca (Ma-13), Ausfahrt 8,
07141 Marratxí

 CLUBS UND PARTY

50 CAFE PABLO (S. 83)
Carrer des Sol 1, 07650 Santanyí

Ein Bummel durch PALMA ist zu jeder Jahreszeit eine Freude – die Sonne scheint hier 300 Tage im Jahr

Wie hingetupft schweben die Boote im Wasser, hier an der PLATJA ES DOFÍ im Süden bei Colònia de Sant Jordi

 AUSFLÜGE

52 WEINFEST IN BINISSALEM (S. 91)
07350 Binissalem

53 SANTUARI DE GRÀCIA (S. 91)
07629 Puig de Randa

54 DRACHENHÖHLEN (S. 92)
Carretera de les Coves, 07680 Porto Cristo

55 BOTANICACTUS (S. 92)
Carretera Ses Salines-Santanyí, km. 1,
07640 Ses Salines

56 PLANETARIUM (S. 93)
Camí de Son Bernat, 07144 Costitx

60 LAZY BUS (S. 97)
Cap de Son Valls 246,
07200 Felanitx

 TAPASBARS

70 FLORIAN (S. 109)
Carrer Cristobal Colón 11,
07670 Portocolom

 FÜR REGENTAGE

86 SES FONTS UFANES (S. 133)
Finca Gabellí Petit, 07310 Campanet

 MALLORCA VERSTEHEN

91 BALLERMANN (S. 144)
Carretera de l'Arenal 45 a,
07600 Arenal

94 FLOR D'AMETLER (S. 145)
Camí Can Frontera 73,
07141 Pont d'Inca

95 FESTE AUF DER INSEL (S. 146)
Verschiedene Orte

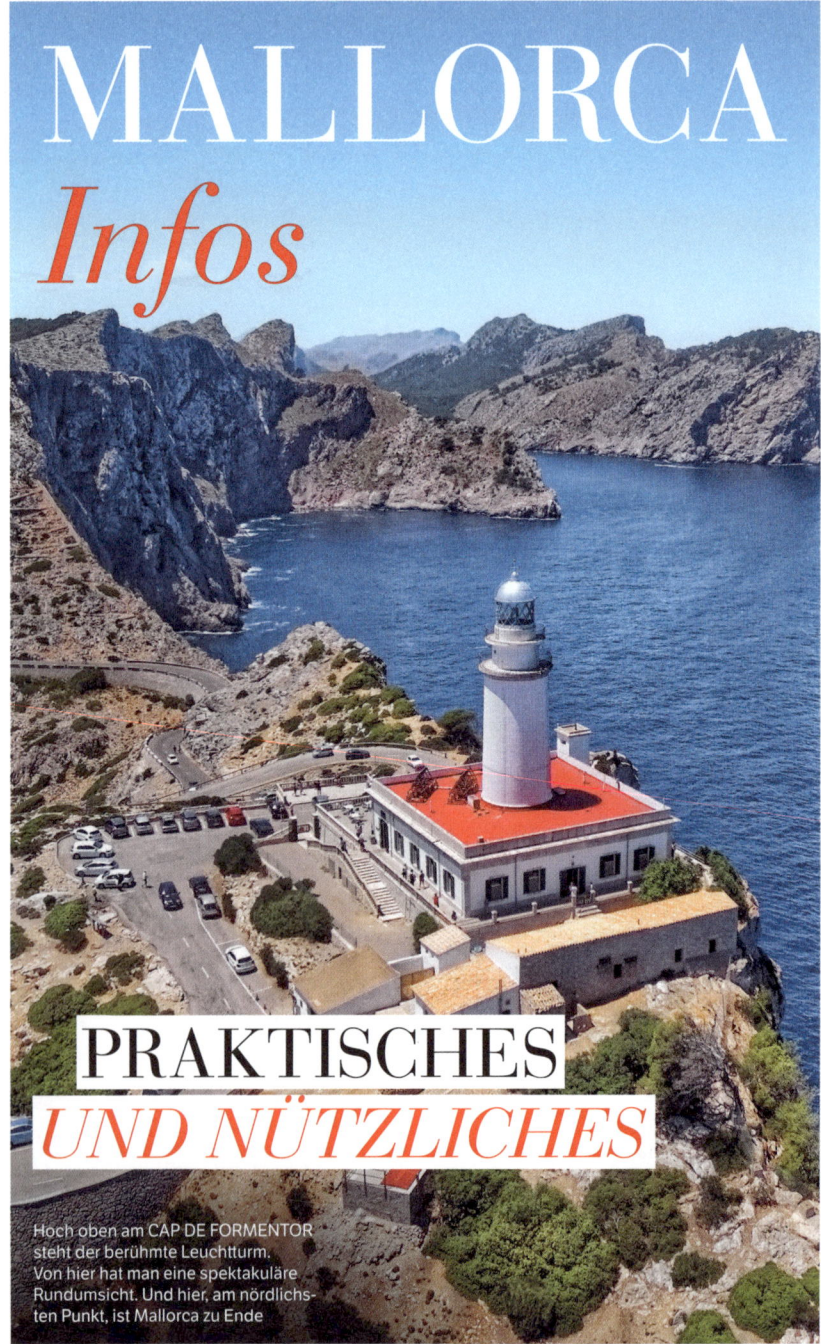

MALLORCA
Infos

PRAKTISCHES
UND NÜTZLICHES

Hoch oben am CAP DE FORMENTOR
steht der berühmte Leuchtturm.
Von hier hat man eine spektakuläre
Rundumsicht. Und hier, am nördlichs-
ten Punkt, ist Mallorca zu Ende

ANREISE

Nach Mallorca reist man am einfachsten per **Flugzeug.** Der einzige internationale **Flughafen** der Insel ist der **Aeroport de Son Sant Joan in Palma,** rund zehn Kilometer südwestlich von der Stadt. Flughafencode: PMI. Tourismusinformation: Ankunftshalle, Bereich B. Information/Flugauskunft: +34 913211000 (24 Stunden) *www.aena.mobi (auch auf Deutsch)*

Öffentliche Verkehrsmittel ab Flughafen: Die **Buslinie 1** (Aeroport-Ciutat-Port) verbindet den Flughafen mit Palma, den wichtigsten Sehenswürdigkeiten und dem Hafen. Abfahrt: von 6 bis 1 Uhr alle 20 Minuten, ab 21.15 Uhr bis Mitternacht alle 30 Minuten. Letzte Fahrt um 1.10 Uhr. Fahrzeit zur Plaça d'Espanya in der City: rund 20 Minuten. Mit der **Buslinie 21** (Aeroport-S'Arenal) erreichen Sie die Strände Can Pastilla, Platja de Palma und S'Arenal. Abfahrt: alle 30 Minuten. Fahrzeit bis zur Haltestelle 490-Cartago (Platja): rund 25 Minuten. Die **Buslinie A11** verbindet Peguera, Santa Ponça, Costa de la Calma, Magaluf, Palma. Die einfache Fahrt kostet je 5 Euro. Tickets werden mit Bargeld beim Busfahrer gekauft. **Bushaltestellen**: auf der Ankunftsebene im Erdgeschoss vor dem Terminal und auf der Abflugsebene in der zweiten Etage. *www.emtpalma.cat/de/home*

Die Anreise mit dem Auto ist möglich, aber kostenintensiv. Die Autobahnen in der Schweiz, Frankreich und Spanien sind gebührenpflichtig, die Preise für die Fähren hängen von Saison und Tageszeit ab. Günstigster Tarif für einen Wagen mit einer Person: 110 Euro für die Strecke ab Barcelona. Fahrzeit: rund acht Stunden. Auf diesen Internetseiten können Sie die Preise der **Fährgesellschaften** vergleichen: *www.directferries.de* *www.faehren.de* *www.aferry.de* *www.balearia.com*

MIETWAGEN

Unzählige Mietwagenfirmen haben auf Mallorca eine Niederlassung, von den Großen wie Sixt bis zu ehrgeizigen Newcomern. In der Nebensaison sind die Preise unschlagbar günstig, einen Fiat 500 mietet man für zwei Wochen schon für 40 Euro – für die Gesamtzeit. Vergleichsportale wie *www.check24.de* und *www.billiger-mietwagen.de* helfen bei der Suche.

Die geltende **Höchstgeschwindigkeit** – **innerorts**: 50 km/h – auf **Landstraßen**: 90 km/h – auf der **Autobahn**: 120 km/h **Alkoholgrenze**: 0,5 Promille

Parken: Gelbe Streifen auf dem Asphalt signalisieren Parkverbot, blaue Streifen gebührenpflichtige Parkbereiche. Sonntags parkt man häufig kostenfrei. **Strafzettel** sind teuer: Bei Überschreitung der Parkzeit sind 60 Euro fällig. Entdeckt man das Knöllchen innerhalb einer Stunde, kann man am Parkautomaten sechs Euro nachzahlen, und der Strafzettel ist erledigt. Noch eine Besonderheit: Generell reduzieren sich die Kosten von Strafzetteln um 50 Prozent, wenn man innerhalb von 28 Tagen zahlt. Eine weitere Tücke sind **Navigationssysteme**: Vor allem in Sóller sollte man sich strikt nach Straßenschildern richten. Navis leiten häufig in Einbahnstraßen oder in die Fußgängerzone, der Strafzettel kostet 80 Euro.

APPS & WEBSITES

Offizielles Portal des mallorquinischen Fremdenverkehrsamtes mit Veranstaltungskalender und Ausflugstipps. *www.infomallorca.com*

Website von Palma: Tipps für Einwohner, aber auch für Touristen. *www.palma.cat*

Website des Fremdenverkehrsamtes der Balearen: Informationen zu Mallorca und den Nachbarinseln wie Ibiza und Menorca.
www.illesbalears.es

Eine Vielzahl **privater Webseiten und Blogs** sind gut gestaltet und halten praktische Insider-Tipps und Anregungen bereit.
www.mallorca-heute.es
www.we-love-mallorca.de
www.mallorca-experten.de
mallorca-momente.com
www.masmallorca.es/de
www.mallorca.de
www.mallorca-explorer.de
www.mallorcaonline.com
www.mallorca.com

Außerdem gibt es viele **Apps** für iOS und Android.
Informationen zu aktuellen **Veranstaltungen**: „Das Inselradio Mallorca",
www.inselradio.com
Karten und Etappen für **Wanderwege**: „Wandern auf Mallorca"
Übersicht der **Busverbindungen**: „Mallorca Transit TIB Times", *www.tib.org*

FAHRRÄDER & SCOOTER

Call and Ride: Ob Mountainbike, Rennrad oder City-Cruiser – in fast jedem Ort lassen sich Räder leihen. Call and Ride bietet zudem Sightseeing-Touren per Rad an. Treffpunkt täglich 10.30 Uhr im Shop, Can Puigdorfila 5, Palma.
www.callandride.de

Bicicletas Pepe: Der Shop in Palmanova vermietet neben normalen Rädern auch überdachte Sitzfahrräder.
www.bicicletaspepe.com

Tramuntbike: Anbieter in Santa Ponça für Touren durchs Tramuntana-Gebirge.
www.tramuntbike.com

Radreisen und geführte Radtouren:
www.radsport-mallorca.de

E-Bike-Verleih: *www.mallorca-e-bikes.com*

Gepäckaufbewahrung: am Busbahnhof, Plaça d'Espanya, Palma. Dort auch Fahrrad- und Scooterverleih. Tgl. Nov-März 9.30-19, Apr-Okt 9-20 Uhr.
www.palmalockandgo.de

Scooter-Verleih:
www.med-ped.com

KUTSCHEN

Abfahrt der Pferdekutschen an der Kathedrale, auf der Carrer del Conquistador und an der Platja de Palma. 30 Minuten Fahrt kosten 35 Euro, eine Stunde kostet 60 Euro. Ab einer Temperatur von 35 Grad muss der Betrieb zwischen 12 und 17 Uhr eingestellt werden, da immer wieder Tiere kollabieren.

SEGWAY-, QUAD- & TRIKE-TOUREN

Segway-Tours:
www.segwaypalma.com/de (Palma)
www.segway-sacoma.net (Palma)
www.segpark.es/de (Cala Ratjada)

Quad-Touren:
www.quad-team-mallorca.com (Palma)
www.quad-mallorca.com (Andratx)
www.quad-touren-mallorca.com (Peguera)
www.trike-shop.eu (Peguera)

SIGHTSEEING-TOUREN

Stadtrundfahrt: Die roten Doppeldeckerbusse (Hop-on, Hop-off) halten an allen wichtigen Sehenswürdigkeiten in Palma.

So wie hier in VALLDEMOSSA müssen die Schilder im Paradies aussehen

Insidertour: Anja Kaiser, die den Blog *www.mallorca-experten.de* führt, bietet sehr persönliche, dreistündige Führungen an, die mit spannenden Anekdoten gespickt sind (pro Person rund 25 Euro).

Weitere Sightseeing-Anbieter: *www.getyourguide.com* *www.rent-a-guide.de*

SPECIALS

Hubschrauberflüge: *www.hubschrauberflug.de*

Heißluftballonfahrten: *www.mallorcaballoons.com*

Segelbootfahrten: *www.jochenschweizer.de* *www.sunbonoo.com*

Rabatte: Auch **Groupon** gibt es auf Mallorca. So kann man auf der Insel bei der Spa-Behandlung, dem Restaurantbesuch oder Reiterausflug Geld sparen. *www.groupon.es*

TICKETS

Eintrittskarten: Vor allem in Palma finden in den Sommermonaten fantastische **Aufführungen** und **Konzerte** statt. Concierges in den Hotels helfen gern weiter, Tickets lassen sich auch online reservieren unter: *www.palmacultura.cat* *www.viagogo.de*

TOURISTEN-INFORMATIONEN

Fremdenverkehrsämter verschicken ausführliches Informationsmaterial. Niederlassungen gibt es in Berlin, Düsseldorf, Frankfurt am Main und München. *www.spain.info/de*

Österreich, Wien: *www.spain.info/de_AT*

Schweiz, Zürich: *www.spanieninfo.ch*

Auf Mallorca finden Sie das **Hauptbüro des mallorquinischen Fremdenverkehrsverbandes O.I.Z.** (Oficinas de Información Turística) an der Plaça de la Reina 2, Palma. Hier bekommen Sie Stadtpläne, Wanderkarten sowie Auskünfte über Busverbindungen, Öffnungszeiten und vieles mehr. Information: +34 971173990, Öffnungszeiten Mo-Fr 8.30-20, Sa 8.30-15 Uhr

VERKEHRSMITTEL

Öffentlicher Nahverkehr: Die **Stadtbusse** erkennt man an ihrer rotgelben Bemalung. *www.emtpalma.cat*

Überlandbusse fahren ab Palma in viele Orte. Die Busstation Estació Intermodal befindet sich an der Plaça d'Espanya. *www.tib.org*

In Palma verkehrt eine **U-Bahn**. Die Metrolinie M1 fährt von der Plaça d'Espanya zur Universität, die Linie M2 nach Marratxi. *www.tib.org*

TAXI

Taxen findet man auf Mallorca leicht. Sonst kann man sie telefonisch bestellen, in der **Taxizentrale** wird englisch, oft auch deutsch gesprochen. Vom **Flughafen** zur Kathedrale muss man je nach Tageszeit mit 24 bis 30 Euro rechnen. Es gibt einen **Flughafenzuschlag** von 2,90 Euro, jedes **Gepäckstück** kostet 0,60 Euro. Die **Grundgebühr** beträgt 3 Euro, jeder Kilometer kostet 0,88 Euro.

Taxi Palma Radio: +34 971401414 *www.taxispalmaradio.com*

Radio Taxi Ciutat: +34 971201212 *www.radiotaxiciutat.com*

KOSTENLOSES WLAN

Mobil im Netz: Mit „MallorcaWifi" hat man fast überall kostenloses WLAN. Die Anmeldung ist einfach. Außerdem gibt es in Bars, Cafés, Hotels und Restaurants freie WLAN-Angebote. Eine Übersicht der Zonen und weiterer öffentlicher WLAN-Hotspots anderer Anbieter finden Sie auf dieser Karte: *www.wifispc.com*

FESTE UND FEIERTAGE

Mallorquiner lieben es zu feiern: Jede Gemeinde hat das Recht, pro Jahr zwei zusätzliche Feiertage zu bestimmen. Fällt der Feiertag auf einen Sonntag, wird der Montag auch noch frei genommen. **Weihnachten**, **Ostern** und **Pfingsten** sind große Familienfeste. Am wichtigsten für die Kinder ist der Vorabend des **6. Januar**, Tag der Heiligen Drei Könige, der mit farbenfrohen Umzügen gefeiert wird. Und dann gibt's Geschenke!

16./17. Januar:
In Palma, Sa Pobla, Artà, Muro, Manacor, Petra und Costitx wird seit 1365 der Heilige Antonius, der Beschützer der Tiere, mit Volkstänzen und Tiersegnungen gefeiert.

20. Januar:
Noch wichtiger ist das Fest zu Ehren des Stadtheiligen Sant Sebastià. Am Wochenende vorher beginnen die Feiern gegen 18 Uhr

CALA D'OR, die Goldküste, heißt dieser hübsche Fleck. Zum Sonnenuntergang füllen sich die Bars und Restaurants mit Bootsbesitzern, die in dem kleinen Hafen ankern

mit den „Gegants", riesenhaften Figuren, die von der Plaça Cort zur Plaça Major ziehen. Um 20 Uhr folgt ihnen das feuerspeiende Riesenkrokodil „Drac de na Coca". Unter der Woche gibt es Konzerte, eine Show der berittenen Polizei, einen Feuerlauf und die traditionelle Radtour „Diada de Ciclista". Anmeldung dafür unter: *www.sportmaniacsbaleares.com*

Ostern:
Genau 365 Stufen führen in Pollença auf den Kalvarienberg, eine für jeden Tag des Jahres. Hier findet Karfreitag eine der beeindruckendsten Traditionen statt. Eine Jesus-Schnitzerei wird vom Kreuz abgelöst und in einer Prozession die Treppe bis zur Kirche der Schutzpatronin der Stadt, der Nuestra Señora de los Ángeles, getragen. Schweigend, im Fackelschein, begleitet von Trommeln, die Gesichter verhüllt mit Kapuzen als Symbol für ihr Büßertum. Ein tiefreligiöses Ritual, das Sie nie vergessen werden.

August:
Am ersten Samstag im August machen sich Zehntausende zu Fuß von Palma in das 48 Kilometer entfernte Santuari de Lluc auf, dem spirituellen Zentrum der Insel. Die Wallfahrt „Marxa des Güell a Lluc a peu", übersetzt „Fußmarsch von Güell nach Lluc", beginnt gegen 23 Uhr an der Plaça des Güell in Palma, die Pilger sind zwischen sechs und 11 Uhr morgens in Lluc. Mit Bussen geht es zurück nach Inca, von dort mit dem Zug nach Palma. Anmeldung ab Mitte Juli unter: *www.desguellallucapeu.es*

Oktober:
In Sant Joan wird das ganze Jahr über gefeiert! Ende Juni das „Fest der tanzenden Sonne" („Festa de Sol que Baila"), am 1. Sonntag im Oktober das „Blutwurst-Fest" („Festa des Botifarró") – mit viel Musik und Umzügen. Eine Liste aller Inselfeste findet man auf diesem lesenswerten Blog: *www.mallorca-alles-inklusive.de*

Images // akg-images // Mauritius // S. 146/147: Mauritius (3) // Imago // S. 148/149: Ludovic Maisant/Laif/VG Bildkunst, Bonn 2019 // S. 150/151: Shuttertstock (2) // ddp images // Bernd Jonkmanns/Laif/VG Bildkunst, Bonn 2019 // S. 152: Fautre/Le Figaro/Laif // S. 154/155: Hans-Peter Merten/Mauritius // S. 158/159: iStockphoto/Getty Images // S. 161: Nikki Beach // S. 162/163: Shutterstock // iStockphoto/Getty Images // S. 164: iStockphoto/Getty Images // S. 167: iStockphoto/Getty Images // S. 168/169: iStockphoto/Getty Images // S. 171: Richard Taylor/ Huber Images // S. 174/175: Getty Images

Kreisrund ist das CASTELL DE BELLVER, die imposante Festung oberhalb von Palma

IMPRESSUM

CHEFREDAKTION BUNTE:
Robert Pölzer (Chefredakteur)
Petra Pfaller (Chefredaktion)

TEXTCHEFS BUNTE:
Georg Thanscheidt
Rolf Hauschild

AUTORIN:
Barbara Woinke

BUNTE REDAKTION:
Sandra Schmidt

ART DIRECTION & GRAFIK:
Henrietta Lienke-Wiglinghaus
Ulrich Pitule

CHEF VOM DIENST:
Thomas Spitznagel, Gabriele Wider

PHOTO EDITOR:
Andreas Krauss
Mirja Schütz

SCHLUSSREDAKTION:
Kristina Pöhls

PUBLISHING MANAGER:
Thomas Kittel

REPRO:
Baptist Dallmeyr

MANAGING DIRECTOR:
Jonas Grashey

PROJEKTLEITUNG:
Katharina Schmidt

FINANCE:
Alexandra Schmidt

GESCHÄFTSFÜHRUNG BurdaStyle:
Manuela Kampp-Wirtz

DATENSCHUTZANFRAGE:
Tel. 0781/639 61 00, Fax 0781/639 61 01,
E-Mail: bunte@datenschutzanfrage.de
Für alle 0 18 06-Nummern gilt: 20 Cent/Anruf aus dem
deutschen Festnetz; mobil max. 60 Cent/Anruf
Burda Style GmbH, Arabellastraße 23
81925 München, Tel. 089/92 50-23 10,
E-Mail: bunte@burda.com

MEINE
NOTIZEN

Nirgendwo auf der Welt – mit Ausnahme von
Kreta – gibt es mehr WINDMÜHLEN. Als man
das letzte Mal gezählt hat, waren es 3300, die
älteste aus dem Jahr 1845 steht in der Nähe
des Flughafens. Doch statt wie früher Getrei-
de zu mahlen, produzieren sie heute Strom.
Und das viel fotogener als Windräder

UNSERE STARS AUF
MALLORCA

Die **TOP 10** für die Insel

1 RESTAURANT
FERA, Carrer de la Concepció 4, Palma

2 HOTEL
SANT FRANCESC, Plaça de Sant Francesc 5, Palma

3 STRAND
PUROBEACH, Passeig Illetes 58 b, Illetes

4 SHOP
BCONNECTED, Carrer Dameto 4-6, Palma

5 CLUB
NIKKI BEACH, Av. Notario Alemany 1, Magaluf

6 AUSFLUG
LAZY BUS, Camí de Son Valls 246, Felanitx

7 TAPAS-BAR
SMACK, Carrer de la Fàbrica 14 a, Palma

8 VIPS
PALMA SPORT & TENNIS CLUB,
Carrer Joan Maria Thomàs 4, Palma

9 SCHLECHTES WETTER?
HAMMAM PALMA, Carrer de Costa i Llobera 20, Palma

10 MALLORCA HAUTNAH
FUNDACIÓ PILAR I JOAN MIRÓ,
Carrer Joan de Saridakis, Palma

Andratx

CITY GUIDE
max
8/98

Mallorca

Die 100 Top-Adressen

**Kneipen · Clubs · Museen · Cafés
Hotels · Einkaufen · Essen · Bars
Theater · Zwei Tage Mallorca ·
Kinos · Discos · Exklusiv · Galerien**

Gute Laune
inklusive!

Inhalt

Zeuge alten
Handwerks:
Inselmühle

Hotels Geheimtips, Luxus, Schlaf & Spar — **6**

Essen Geheimtips, Gourmet, Preiswert — **10**

Cafés Kuchen & Frühstück von einfach bis edel — **13**

Nachtleben Kneipen, Bars, Discos, Clubs — **15**

Einkaufen Klamotten, Produktmix — **19**

Kultur Theater, Kino, Museen, Galerien — **23**

Exklusiv Das gibt's nur auf Mallorca — **26**

Auf einen Blick — **4**

2 Tage Mallorca — **5**

Wetter und Reisezeit — **27**

Mallorcas
Erfolgsrezept:
Sonne satt
und Spaß am
Strand

Was hat wann geöffnet, wie kommt man wohin? Mallorca in Zahlen und Fakten zum Reisen mit Über- und Durchblick

Mallorca

Bis bald…
Ob „Hamburger Hügel" oder „Düsseldorfer Hafen", ob Ballermann oder Hofbräuhaus: Mallorca scheint fest in deutscher Hand zu sein. Laut *Focus Magazin* tummelten sich im letzten Jahr an die drei Millionen Bundesbürger auf der knapp vier Quadratkilometer großen Baleareninsel. Aber nicht alle suchen nur die Schinkengasse oder den schönsten Golfplatz. Rundherum gibt's nämlich jede Menge Spuren zu entdecken, die auch der dickste Touristenstrom nicht verwischen kann. Der Weg abseits ausgetretener Pfade lohnt sich: Hier zeigt die Insel stolz ihr schönes Gesicht, das sie sich hoffentlich auf immer bewahren wird.
Bis bald auf Mallorca
Nicole Jansen

Einwohnerzahl	750 000
Telefon	0034/971 (lokale Vorwahl auch bei Ortsgesprächen!)
Entfernung	von Frankfurt/M. ca. 1250 km, ca. 2 Flugstunden
Flughafen	Palma Sont San Joan
City-Anschluß/ Kosten	Bus (alle 20 min) ab Terminal bis Plaça Espanya, 370 Ptas, Taxi, ca. 3000 Ptas
Autovermietung	Avis, Tel. 971/23 07 20; Hertz, Tel. 971/23 23 74; Hasso, Tel. 971/26 02 19 (alle am Flughafen)
Öffentliche Verkehrsmittel Kosten/Betriebszeiten	Von Mai bis November fahren Busse ab Palmas Busbahnhof Plaça Espanya bis ins kleinste Dorf (Fahrplanauskunft Tel. 971/53 70 34), von Dezember bis April werden nur die größeren Orte angesteuert, Tickets ab ca. 200 Ptas. Außerdem zwei Zuglinien: zwischen Palma und Soller und zwischen Palma und Inca
Taxitarife	Grundgebühr 200 Ptas, viele Routen haben Festpreise, z.B. Flughafen-Port d'Andratx 5500 Ptas

Öffnungszeiten	Banken	Geschäfte	Postämter
	Mo-Fr 9-14 Uhr	Kernzeit 10-13+ 17-20 Uhr, teilweise länger	Mo-Fr 9.30-12.30 Uhr

Trinkgeld	je nach Zufriedenheit ab 5 % aufwärts
Währung	Spanische Peseta (Ptas), 100 Ptas sind etwa 1,25 DM
Touristen-Infos	Deutschland: Spanisches Fremdenverkehrsamt, Tel. 069/72 50 33, Palma: Oficina de Turisme, Plaça de la Reina, 2, Tel. 971/71 22 16
Termine	*Mallorca Magazin* (deutschsprachige Wochenzeitung), *Diario de Mallorca* (lokale Tageszeitung, Mo-Sa)

Cala Figuera

Eine der bezauberndsten und oft auch noch ganz ruhigen Buchten im Südwesten der Insel. Man spaziert durch den idyllischen alten Fischerhafen oder sitzt im Sonnenuntergang bei hervorragenden Meeresfrüchte-Gerichten in einem der umliegenden Restaurants.

Port d'Andratx/ Camp de Mar

Auf der Flaniermeile sitzt man wie zuhause in der ersten Reihe: Platz nehmen und sehen, wie Sabine Christiansen, Claudia Schiffer, Heinz Hoenig & Co. vorbeilaufen… Äußerlich ist sich der Fischerort treu geblieben, Hafen und Häuser bestechen durch traditionelle mallorquinische Bauweise, die Läden aber führen längst Designermode.

Valldemossa

Der Geist einer großen Liebe weht noch immer durch die Mauern des Klosters, in dem George Sand und Frédéric Chopin 1838 ihren „Winter auf Mallorca" verbrachten. Ein romantischer Trip in das alte Bergdorf lohnt sich auch wegen des Weges entlang der Steilküste mit Blick auf türkisfarbenes Wasser und einem möglichen Abstecher zu der Villa von Michael Douglas (Besichtigung).

Arta

Man spricht Castellan: Wer von Massentourismus und himmelhohen Bettenburgen die Nase voll hat begegnet in diesem mittelalterlichen Dörfchen Mallorca in Reinkultur. Der Platz vor der Kirche Sant Salvador bietet einen wunderschönen Blick über die Hügellandschaft, der schon manchen Maler inspiriert und zum Bleiben verführt hat. Hinfahren, angucken, ausspannen.

Palma

Die Hauptstadt der Insel mit dem Flair einer Weltmetropole – nur überschaubarer. Glanzpunkt ist die Kathedrale mit einer Grundfläche von 6600 Quadratmetern, aber auch Strand und Hafen, palastartige Bürgerhäuser und das Gewimmel in den Altstadtgassen locken. Tip: Nicht links liegenlassen, sondern mindestens einen schönen Tag hier verbummeln.

Fünf Jahre hat sich der Kommunikationsexperte William Pehle Zeit gelassen, um sein 150 Jahre altes Natursteinhaus umzubauen. Resultat: Das Hotel „Ca'n Verdera" in Fornalutx bietet heute einen perfekten Mix aus Tradition und modernem Design – zu dem natürlich auch ein palmengesäumter Pool gehört. *(Tel. 971/63 82 03, Fax 971/638 10 94, vier DZ ab je 27 000 Ptas, zwei Suiten)*

Fürstliches Ambiente: im „Born"

Winziges Hotel im Herzen der Insel: drei Doppelzimmer und ein solides Restaurant. Mitten in der pittoresken Pampa liegt der ideale Ort für kuschelige Nächte. DZ ab ca. 15 200 Ptas.

Geheimtips

❶ Hotel Born (b5)

07012 Palma; C/. Sant Jaume, 3, Tel. 971/71 29 42, Fax 971/71 86 18

Die herrschaftliche Halle des einstigen Stadtpalastes vermittelt den Eindruck, hier würden auch fürstliche Preise kassiert. Aber Fehlanzeige: Mallorquinische, stilvolle Gemütlichkeit mit Blick auf Palmas Altstadt zu zivilen Tarifen. EZ ab 6050, DZ ab 9250 Ptas.

❷ Es Passarell (C5)

Felanitx; 2a Vuelta no. 117, Tel.+Fax 971/18 30 91

Uriger geht's kaum noch: Bougainvilleabewachsene Lauben, Pool, Garten, Terrasse und sieben schöne Zimmer mit phantasievoll gekachelten Bädern und Luxuswannen in einer alten Finca. DZ ab 14 000, Frühst. ab 1000 Ptas.

❸ Sa Plaça (C5)

Petra; Plaça Ramon Llull 4, Tel.+Fax 971/56 16 46

❹ San Lorenzo (b4)

07012 Palma; C/.San Lorenzo, 14, Tel. 971/72 82 00, Fax 971/71 19 01

Hoch über der Stadt darf sich sich der Gast wie in einer original Grace-Kelly-Schnulze fühlen. Die Dachterrasse am Pool und sechs rustikale Doppelzimmer laden zu mondänen Träumereien ein. DZ ab 16 800, Frühst. ab ca. 2000 Ptas.

❺ Scott's (B3)

Binissalem; Plaça de Iglesia 12, Tel.+Fax 971/87 01 00

Schnuckeliges Dorfhotel, zu dem jeder Gast einen eigenen Schlüssel besitzt und sich an der Bar bedient wie am Kühlschrank daheim. Das Interieur ist eine gelungener Mix aus britischedel und urig-mallorquin. EZ ab ca. 14 500, DZ ab 23 000, Suite ab 45 000 Ptas.

Britischer Stil trifft Inseltradition: im „Scott's"

Finca-Romantik in Felanitx: „Es Passarell"

Hotels

Im Golfhotel Prinzessin Lorettas zu Sayn-Wittgenstein geht der (Geld-)Adel ein und aus. Der Herrensitz aus dem 17. Jahrhundert bietet neben dem 9-Loch-Golfplatz zwölf Doppelzimmer und ein Klasse-Restaurant erster Sahne. DZ ab ca. 33 600 Ptas.

Wild an der Wand und Felle auf Fliesen: „Reserva Rotana"

Luxus

6 Reads Hotel (B3)

Santa Maria; Ca'n Moragues, Tel. 971/14 02 61, Fax 971/14 07 62

Das luxuriöse Landgut im Inselinneren ist ein Klassiker für alle, die abseits vom Küstenrummel romantische Landschaft genießen wollen. Zimmer, Service, Blick und Pool repräsentieren die Lebensqualität der mediterranen Upper Class. EZ ab ca. 31 000, DZ ab ca. 32 000 Ptas.

7 Reserva Rotana (C5)

Dianas Ferienadresse: „La Residencia"

Manacor; Cami de S'Avall, km 3, Tel. 971/84 56 85, Fax 971/55 52 58

8 La Residencia (B2)

Dejá; Finca Son Canals, Tel. 971/63 90 11, Fax 971/63 93 70

Prinzessin Diana stieg hier öfter ab, Michael Douglas speist gerne im hauseigenen Restaurant „El Olivo". Herrlicher Blick vom Bergdörfchen Dejá aufs Meer. EZ ab 22 000, DZ ab 35 000, Suite ab 46 000 Ptas.

9 Son Vent (D5)

Cas Concos; Tel. 971/84 21 84, Fax über Deutschland 069/28 70 00

Charmante Finca auf dem „Hamburger Hügel": Viele Zimmer haben separate Wohnräume mit Kamin, Pool und Tenniscourts gibt's auch. Nur DZ ab ca. 34 400 Ptas.

10 Villa Italia (C1)

Port d'Andratx; Camino de San Carlos, 13, Tel. 971/ 67 40 11, Fax 971/67 33 50

Traumhaft sind Zimmer, Terrasse und Ausblick in dieser Jugendstilvilla. EZ ab 29 000, DZ ab ca. 35 500 Ptas.

Schlaf&Spar

⑪ Ca'n Cristofol (C5)

*Felanitx; Apartado 169,
Tel.+Fax 971/18 37 33*

Die Herberge zwischen
Feigen- und Johannis-
brotbäumen liegt in den
Bergen mit Blick über
das Tal Son Quelles. Nur
DZ ab ca. 7800 Ptas.

⑫ Ses Rotetes (C6)

*Porto Christo; Tel.+Fax
971/18 32 56*

Rustikales Flair: Kamin,
Gemälde, und für nette
Gäste gibt's Grillpartys
im Garten. EZ ab ca.
6000, DZ ab ca. 14 500,
Apartments für vier
Personen ab 25 000, für
sechs ab 37 000 Ptas.

⑬ Hostal Rizzi (c4)

*07012 Palma; C/. Apunta-
res 6, Tel.+ Fax 971/71 46 10*

Gästehaus mitten in der
Altstadt, bekannt für
sein deftiges Frühstück.
Einige Zimmer mit Blick
auf die Kathedrale. EZ
ab 2500, DZ ab 5000 Ptas.

⑭ Santuari de Lluc (A3)

*Escorca; Tel. 971/51 70 25,
kein Fax*

Der Gast wohnt in alten
Mönchszellen, aber kei-
ne Angst: Im Gegensatz
zu „Der Name der Rose"
sind die Nächte hier
ruhig und garantiert
fratzenfrei. Manche
Zimmer haben nur

Flurbad. EZ ab 1500,
DZ ab 3000 Ptas.

⑮ Pension Villa Verde (B2)

*Dejá; C/. Ramon Llull, 19,
Tel. 971/20 83 39,
Fax 971/63 90 37*

Wer weniger Komfort als
im „Residencia" braucht,
aber genausoviel Ro-
mantik will und zum
gelungenen Urlaub auch
das Panorama-Früh-
stück zwischen grünen
Bergen und Tälern zählt
(mit weitem Blick aufs
türkisfarbene Meer…),
der ist hier richtig.
EZ ab ca. 5050,
DZ mit Bad ab ca.
6700 Ptas.

**Solide Pen-
sion in den
grünen
Hügeln:
„Villa Verde"**

**Zum Schreien
schön: Ein
Hotel mit Pool
auf Mallorca.**

Essen

Ein hanseatischer Wahl-Mallorquiner kocht für Gourmets: Rainer Fichel im „Viena"

Geheimtips

⑯ Balneario (C1)

Sant Elm; Cala Conills, Tel. 971/23 91 86, tgl. 12.30-23 Uhr (Nov-Apr geschlossen)

Am Ufer von Sant Elm kümmert sich Wirtin Maria höchst aufmerksam um ihre Gäste und kredenzt z.B. frischen Babysteinbutt, Seezunge oder den köstlichen Riesensalat „Cala es Conills" mit Avocados und Walnüssen (1000 Ptas).

⑰ Casa Galicia (C1)

Port d'Andratx; C/. Isaac Peral, 52, Tel. 971/67 13 38, tgl. 13-0 Uhr

Täglich frischer Fisch: im „Ca'n Manuel"

Insider loben den Fisch, die Aioli und den mallorquinischen Schinken dieses unscheinbaren Lokals. Die Preise sind für Port d'Andratx moderat: Hauptgerichte um 1300 Ptas.

⑱ La Gran Tortuga (C1)

Peguera; Ctra. Cala Fornells, 23, Tel. 971/68 60 23, tgl 13-15+19.30-23 Uhr (im Winter Mo geschlossen)

Wer einmal bei Live-Musik die Sonne hinter den Malgratinseln versinken sah und dazu Gänseleberpastete (1800 Ptas) und ein gutes Tröpfchen genoß, kommt wieder.

⑲ Ca'n Manuel (D5)

Cas Concos; Calle Mayor 7, Tel. 971/84 20 02, tgl. 19.30 Uhr bis open end

Bei Pepe geht's zu wie daheim in Omas Garten: karierte Tischdecken, rankende Reben, fangfrischer Fisch und der Chef fragt, ob's schmeckt. Seezunge um 1200 Ptas.

⑳ Viena (D5)

Cas Concos; C/.Metge Obrador, 13, Tel. 971/84 20 26, tgl. 19-1 Uhr

Bei Rainer Fichel trifft sich, wer auf dem „Hamburger Hügel" wohnt. Täglich wechselnde Karte mit Köstlichkeiten wie Mousse vom Lachs mit Avokadofächer.

Gourmet

㉑ Bens d'Avall (B2)

*Urbanisacion de Dejá-
Soller; Tel. 971/63 23 81,
Di-Sa 13-15.30+20-23, So
13-15.30 Uhr (Nov-April
geschlossen)*

Gamba-Carpaccio, See-
zunge oder Peterfisch
zergehen auf der Zunge,
auch das Kaninchenfilet
mit Rosmarinessig ist
ein Gedicht. Haupt-
speisen um 2000 Ptas.

㉒ Cas Puers (B3)

*Soller; C/. Isabel II, 39,
Tel. 971/63 80 04, Sa, So
13-15+19.30 Uhr bis open
end, Di-Fr 19.30 Uhr bis
open end*

Sternekoch Witzigmann
hat in einem von Oran-
genhainen umgebenen
Bürgerhaus sein Fein-
schmeckerlokal mit
leichter mediterraner
Küche eröffnet. Haupt-
gerichte (z.B. Kanin-
chenrücken mit Arti-
schocken) um 3300,
Menü um 7600 Ptas.

㉓ El Patio (C1)

*Port d'Andratx; Ctra. An-
dratx 20, Tel. 971/67 20 13,
Do-Di 19-0 Uhr*

Claudia Schiffer ißt gern
hier, Weinkenner
schwärmen von den
Rebensaftbeständen.
Obwohl unter 10 000
Ptas pro Nase kaum ei-
ner rausgeht, ist das „El
Patio" stets gut besucht.
Menü um 5000 Ptas.

㉔ Son Vent (D5)

*Cas Concos des Cavaller;
Alqueria blanca, Tel. 971/
84 21 84, tgl. 12-15+19-23
Uhr (15.1.-15.2. geschlossen)*

Im Innenhof der restau-
rierten Finca wird feinste
cuisine francaise zu
französischen Weinen
serviert. Milchlammkeu-
le in Salzteig um 2000
Ptas.

㉕ Tristan (C2)

*Port Portals; Plaça del
Port, Tel. 971/ 67 55 47,
tgl. 12-15+19-0 Uhr*

Zwei-Sterne-Koch
Gerhard Schwaiger ver-
wöhnt seine Gäste im
Lokal mit Hafenblick.
Das Menü kostet ab
5000 Ptas.

**Speisen wie
Gott in
Frankreich
unter spani-
scher Sonne:
„Son Vent"**

Fischkneipe direkt am Hafen: „Casa Eduardo"

Preiswert

26 Barlovento (C1)

Port d'Andratx; C/. Viejo Faro 1, Tel. 971/67 10 49, Di-So 19-ca. 0 Uhr (Feb+März geschlossen)

Uriges Urlaubsrestaurant am Wasser. Traumpanorama, Riesenportionen, Fisch, Knofi, viel Butter: echt mallorquin. Hauptgerichte um 1200 Ptas.

27 Ca'n Pedro (C2)

Genova; Rector Vives 4, 14, Tel. 971/40 24 79, Di-So 19-ca. 0 Uhr

Gemütliches Grillrestaurant an Palmas Stadtrand. Eine der besten Adressen für herzhaft mediterrane, vielseitige Kochkunst, die auf eine ordentliche Portion Knoblauch keinesfalls verzichten kann. Riesengambas in Knoblauch oder Seeteufel mit Meeresfrüchten ab 1400 Ptas.

Wohlgenährt und hochgeschätzt: Mallorcas Köche

28 Casa Eduardo (c4)

07013 Palma; Industria Pescera, Tel. 971/72 11 82, Mo-Sa 12-15+19-22.30 Uhr

Fischers Fritze heißt hier Manolo: Das gelbe Haus neben der Markthalle ist ein echter Insidertreff. Boulliabaisse, Paella, Meeresfrüchte um 1600 Ptas.

29 Cafe d'es Mercat (C5)

Felanitx; Plaça d'es Mercat 1, Tel. 971/58 00 08, tgl. 8-23 Uhr

Sonntags ist die Hölle los: Touristen, Hügelresidenten und Dörfler treffen sich nach dem Markt auf der Plaça zum Klönen und Essen. Oliven, Tapas, und Suppen werden in Massen vertilgt, wer nicht satt wird, schiebt noch einen Flan hinterher. Mittagsmenü 750 Ptas.

30 La Tulipe (C1)

S'Arraco; Plaça Toledo 2, Tel. 971/67 14 49, Mo-Sa 19.30-23.30 Uhr

Der kleine Saal ist liebevoll durchgestylt und die Kost hat's in sich, z.B. Wachteln in Rotweinsauce oder Gemüsecarpaccio für alle, die Fisch scheuen. Hauptgerichte ab 1100 Ptas.

31 **Bar Bosch** (b5)

07014 Palma; Plaça Rei Juan Carlos, Tel. 971/72 11 31, Mo-Sa 8-0 Uhr

Internationaler Meeting-Point in Palmas Altstadt, wo der Milchkaffee so schmeckt wie er soll und vor den Augen der Gäste buntes Volk über die Plaça flaniert.

32 **El Café** (b5)

07001 Palma; Plaça Weyler 3, Tel. 971/72 80 77, Mo-Sa 9-22, So 10-12 Uhr

Das gediegene Café im Grand Hotel empfiehlt sich für Frühstück und Mittagsmenü.

Kaffeehaus im Jugend-stilpalais: „El Café"

33 **Cappuccino** (c2)

07014 Palma; Passeig Maritim 1, Tel. 971/68 13 68, tgl. 7.30-3 Uhr

Phantastische Kaffee- und Kuchenkarte, (z.B. Gato de almendra), dazu Promis und Yachten vor der Nase – Sonnenbrille nicht vergessen!

34 **Café Capriccio** (C2)

Port Portals; Plaça del Port, Tel. 971/67 63 44, tgl. 10-3 Uhr (Nov-Apr geschlossen)

Viele Hanseaten und Rheinländer, wenig Spanier. Ein Hafencafé für alle, die deutsches Geplauder vermissen. Platinblond und Platin-card lassen grüßen…

Szene-Klassiker in Palmas Altstadt: „Bar Bosch"

35 **La Consigna** (C1)

Port d'Andratx; Av. Mateo Bosch, 19, Tel. 971/67 16 04, Mo-Sa 8-0 Uhr (Nov geschlossen)

Ensaimadas, Schoko-croissants und alle anderen Backwaren sind hier Spitzenklasse!

**Schlemmen
zu (fast) jeder
Tageszeit:
„Parisien"**

**Im roten Innen-
hof serviert
Heidi Zinnel
drei Früh-
stücksvarian-
ten, supergu-
tes Rührei mit
Tomate und
Snacks. Die
Sonne scheint
gratis herein.
(La Candela,
Felanitx;
Carrer Mayor
60, Tel. 971/
58 23 07)**

36 Café Espanyol (A4)

*Pollença; Plaça Mayor 3,
kein Tel., tgl. 8-0 Uhr*

Rücken an Rücken mit
den Touris hocken Ein-
heimische auf klappri-
gen Stühlen im Schatten
der Platanen bei Café
solo, Tapas und Palo:
Heitere Dorfidylle

37 Cafe Lirico (c5)

*07012 Palma; Av. Antonio
Maura 6, Tel. 971/72 11 25,
tgl. 8-0 Uhr*

Wer einen Platz auf der
Terrasse ergattert, kann
mit viel Glück ein
Mitglied der spanischen
Königsfamilie in den
Palast spazieren sehen.

38 Café Orient (B6)

*Capdepera; Plaça Orient 3,
kein Tel., tgl. 9-23 Uhr*

Profiteroles mit Schoko-
lade oder Tapas variadas?
Auch Feigen im Speck-
mantel oder Flan für
200 Ptas locken. Die
exotische Mischung der
Gäste sorgt für beste
Stimmung.

39 Café Parisien (B6)

*Arta; C./ Ciutat 18, Tel. 971/
835 44 04, Mo-Sa 9-1 Uhr*

Die Küche der schön-
sten Lokalität des Ortes
ist so vielseitig wie das
Ambiente: Innen moder-
nes Design und ange-
nehme Kühle, außen
dominieren Weinreben
und Holzbänke den
nostalgischen Innenhof.
Vom warmen Essen bis
zum klassischen Apfel-
kuchen gibt's alles Gute
für Gaumen und Magen.

40 Club de Vela (C1)

*Port d'Andratx; Av. Gabriel
Roca 27, Tel. 971/67 14 34,
tgl. 8-0 Uhr*

Abseits des Rummels
von „Port Quatsch" ist
hier zwischen grünen
Hecken nur das Klickern
der Leinen an Bootsma-
sten zu hören. Yachtbesitzer und solche, die es
gern wären, genießen
Snacks, Salate und Sand-
wiches ab 1100 Ptas.

**Café solo
unterm
Schirm:
„Espanyol"**

Nachtleben

Kneipen

41 Abraxa (D5)

Cas Concos; Calle Major, kein Tel., tgl. 21 Uhr bis open end

Die spanische Kneipe mit Darts, Billard, lauter Musik und echtem Insel-flair ist ein herrlicher Platz für späte Absacker.

42 La Boveda (c4)

07012 Palma; Marina Boteria 3, Tel. 971/ 71 48 63, Mo-Sa 19.30 Uhr bis open end

Kreative, Touris und Jeunesse Dorée laben sich bis drei Uhr früh an Tapas, Serrano-Schinken (Jambon serrano) und Riojawein. Die ersten Flirts der Nacht spielen sich hier im Stehen ab.

43 Bar Gaballins (B6)

Capdepera; Plaça Orient 2, Tel. 909/43 36 87, tgl. 9-1 Uhr

Zwei Brüder aus dem Ruhrgebiet haben sich mit diesem Lokal ihren Traum vom Terrassen-café erfüllt, wo sie sich aufmerksam um ihre Gäste kümmern.

44 Galerie S'Arraco (C1)

S'Arraco; C/. de Francia 89, keinTel., Di-So 20.30 Uhr bis open end

Bar-Galerie in alten Mauern, wo zum Wein

auch der Blick auf wechselnde Ausstellungen serviert wird.

45 Nixe (C1)

Port d'Andratx; Av. Gabriel Roca 1, Tel. 971/67 28 01, tgl. 18 Uhr bis open end.

Wo der letzte Rioja der Nacht am besten schmeckt: „Abraxa"

Ultimativer Ort für den Absacker, weil sich oft spontane Events ergeben: Mal singt Udo Lindenberg im Morgengrauen oder der Schampus fließt für junge hübsche Damen in Strömen, und zwar gratis.

Die Apfelsine am Glas und um die Hüfte Baströckchen: „Tropicana" (auf S. 16)

Auf drei Stockwerken laden bequeme Korbsessel zum Versinken ein. Wein, Martini oder Whisky schwappen im Glas und sorgen im Mix mit viel Atmosphäre für absolutes Wohlgefühl. Schönes Ding!

Wo der letzte Rioja der Nacht am besten schmeckt: „Abraxa"

Bars

46 Abacanto (C2)

07009 Palma; Sant Nicolau, Sa Indoteria, Camino 9, Tel. 971/71 49 39, Di–So 21–3 Uhr

Lokal im bäuerlichen Herrenhaus, wo auch gepflegte gemixte Drinks zum Service gehören. Kein hektischer Publikumsverkehr: Wer einmal sitzt, bleibt lange.

47 Agua (c4)

07012 Palma; C/. Jaume Ferrer 6, kein Tel., tgl. 22 Uhr bis open end

In den frühen Morgenstunden geht im „Agua" die Post ab. Von House bis Techno hört Palmas Jeunesse Dorée bei phantasievollen Cocktails hier alles, was gerade angesagt ist. Die Gäste sehen durch die Bank sehr gut aus…

Unverzichtbar als Trinkgeld: Peseta-Münzen

48 Havanna Bar (C1)

Port d'Andratx; Av. Rivera Alemany 10, Tel. 971/67 15 36, tgl. 19–3 Uhr und länger

Einen romantischeren Blick auf Andratx' Hafenmeile gibt's nirgends:

49 Hidro Cafe (c2)

07014 Palma; Av. Gabriel Roca 21, kein Tel., tgl. 22–6 Uhr

Bei gemixten Sounds lassen sich Twens unter freiem Himmel den Wind um die Nase wehen und feiern die Zukunft, die sie noch vor sich haben. Ganz klar, vor Mitternacht ist nix los – und je lauer der Abend, desto witziger die Gäste.

50 Tropicana (C1)

Santa Ponca; Centro Comercial Verdemar, Tel. 971/ 69 29 20, tgl. 21 Uhr bis open end

Papageien, Papyrus und Mädchen in Baströcken: Da kommt Karibikstimmung auf. Heiße Rhythmen zu wirklich gekonnt gemixten südländischen Cocktails mit frischen Früchten, auf der Insel sonst eine Rarität. Die Riesendrinks, ob Planters Punch, Pina Colada (1600 Ptas), Rum- oder Tequila-Rezepte sind immer für zwei: fördert die Kommunikation.

Discos

🟣51 Barracuda (C1)

Port d'Andratx; Calle Isaac Peral 8, kein Tel. Do-Sa 22 Uhr bis open end

Freitags und samstags gibt es in der Hochsaison kein Halten mehr: Dann hotten die Kellner mit Touristinnen, die Boutiquebesitzerin von nebenan mit dem deutschen Residenten und der Inselnachwuchs – egal ob sie 17 oder 70 Lenze zählen.

🟣52 BCM (C2)

Magaluf; Av. Notario Alemany, Tel. 971/13 15 46, tgl. ab 22 Uhr bis open end, Eintritt ab 1000 Ptas (je nach Event)

Gilt als eine der größten Discos Europas mit Platz für 5000 Tanzwütige. Neben „Miß"-Wahlen oft Live-Musik und viele verrückte Events.

🟣53 IB's Club (d2)

07014 Palma; Av. Gabriel Roca 42, Tel. 971/ 73 36 71, Do-Sa 23 Uhr bis open end,

Eintritt ab 1500 Ptas

Lieblingsdisco junger Mallorquiner. Zum Abkühlen zwischendurch lädt die Terrasse mit Hafen- und Kathedralenblick. Und Sternegucken bei guter Musik hat auch seinen Reiz!

🟣54 Pacha's (d1)

07014 Palma; Av. Gabriel Roca 42, Tel. 971/73 77 88, Do-So 22-7 Uhr, Eintritt 3000 Ptas

Schlicht *die* In-Disco der Insel mit dem schönsten Ambiente, den schönsten Go-go Girls und den schnellsten (Techno, Techno…) Takten.

🟣55 Tito's (d1)

07014 Palma; Plaça Gomila 3, Tel. 971/73 00 17, Do-Sa 22 Uhr bis open end, Eintritt ab 2000 Ptas

Der Außenlift befördert „Wichtige" und die sich dafür halten gen Himmel. Bei kommerziellem Discosound und guten Showeinlagen steigt die Laune der rund 2000 Besucher bis zum Morgen stetig dem Zenit entgegen.

Nachtaktive Langohren: Go-go-Bunnies im „Pacha's"

Hauptsache auffällig: König(in) der Nacht

Nachtleben

Mekka für Jazzfans: „Bar Barcelona"

Wo spanischer Groove in der Luft liegt: „New Yorker's"

Clubs

56 Banderas (C2)

Porto Portals; (Hafenmeile), Tel. 971/62 62 32, Do-So 22 Uhr bis open end

Ob Jazz, Funk oder Soul - die Live-Musik im „Banderas" ist berühmtberüchtigt und zieht junge Gäste in Scharen an. Der mit Abstand witzigste Treffpunkt im Geldhafen von Portals.

57 Bar Barcelona (c4)

07012 Palma; C/. Apuntadors, Tel. 971/71 35 57, tgl. 22 Uhr bis open end

Ambiente und Drinks sind in Ordnung, aber die erste Geige spielen hier unzweifelhaft Jazz und Funk. Ab Mitternacht Live-Musik und gute Jam-Sessions.

58 Jammin Club (d1)

07014 Palma; Av. Joan Miro 73, Tel. 971/73 42 53, tgl. 19 Uhr bis open end

Relativ frisch eröffneter In-Laden. Drinks und Interieur sind cool, die Flirts so heiß wie die wechselnden Rhythmen.

59 Made in Brazil (c2)

07014 Palma; Av. Gabriel Roca 29, Tel. 971/45 45 69, tgl. 20 Uhr bis open end

Wer auf Salsa, Samba oder Merengue steht, ist hier richtig. Die Latinoklänge (und die Cocktails) gehen auch Nicht-Tänzern ins Blut – kurz: hier tanzt der Bär.

60 New Yorker's (c2)

07014 Palma; Av. Gabriel Roca 27, Tel. 971/45 28 89, tgl. 0-5 Uhr

Junge und junggebliebene Freaks grooven zu beinahe täglich wechselnder Live-Musik. Mal jazzig, mal funky lassen oft junge spanische Bands hören, was sie können. Die Stimmung in dem dusteren Laden erinnert an Abifeten, wohin sich ein paar Vertrauenslehrer verirrt hatten.

Klamotten

61 Billy's Boutique (C1)

Port d'Andratx; Av. Gabriel Roca 3a, Tel. 971/67 34 51, Mo-Fr 10-13+17-20, Sa 10-13 Uhr

Was Designerlabels wie Otto Kern, Onofri, Mugler oder gute Bikinimode betrifft, ist Inhaberin Heidi selbst ihr bestes Aushängeschild. Am Saisonende gibt's alles für die Hälfte.

62 Carol Dengra (b5)

07001 Palma; C/. Brondo 3, Tel. 971/ 71 11 03, Mo-Fr 10-13.30+17-20, Sa 10-13 Uhr

Die spanische Designerin zeigt ihre Kreationen im liebevoll gestylten Laden. Ihre extravagante Abendmode und tragbaren Alltagsentwürfe werden auf Wunsch auch maßgeschneidert, die individuelle Beratung ist inklusive.

63 Munper (B4)

Inca; C/Jocs, s/n, kein Tel., Mo-Fr 10-13.30+17-20, Sa 10-13.30 Uhr

In der Lederstadt Inca läßt sich locker manches Schnäppchen machen. „Munper" bietet in seiner Filiale an der Straße nach Pollença ein großes Sortiment: Schuhe, Taschen, Gepäck, Kleidung und Accessoires unter einem Dach.

64 Passy (b4)

07012 Palma; Jaume III, 7, Tel. 971/72 79 70, Mo-Fr 10-13.30+17-20, Sa 10-13.30 Uhr

Palma ist ein Paradies für Schuhfreaks: An jeder Ecke buhlen Stilettos, Ballerinas, Budapester, Plateausohlen & Co. in Schaufenstern um die Gunst der Kunden. „Passy" bietet Vielfalt zu Preisen rund 30 Prozent günstiger als zuhause.

65 Mango (C2)

07012 Palma; Centro Porto Pi, Tel. 971/ 40 02 69, Mo-Fr 10-20, Sa 10-14 Uhr

Filiale der Trendlinie in einer klimatisierten Mall. Hier finden gutgebaute Modejünger Modelle, die verhüllen oder Formen betonen – und Schnäppchen.

Gute Adresse für Accessoires: Mallorcas Boutiquen

66 Manou (C5)

Felanitx; Calle Major 64, Tel. 971/58 13 01, Mo-Fr 10-13.30 +17-20, Sa 10-13.30 Uhr

Manuela Kirschbaum weiß: Jede Frau braucht zumindest ein kaftanartiges Outfit für Garten, Strand und als Nachtgewand. Daher bietet ihr Laden Weitgeschnittenes in zahllosen Dessins.

Einkaufen

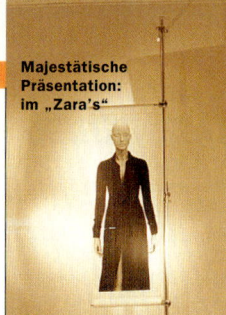

Majestätische Präsentation: im „Zara's"

Klamotten

67 Le Pirat (D5)

Puerto Cala d'Or; C/. Porto Cari 9, Tel. 971/64 34 83, Mo-Fr 10-13.30+17-20, Sa 10-13.30 Uhr

Manche Preise halten das, was der Shopname verspricht: „Le Pirat" (viermal auf der Insel) raubt die Kunden zwar nicht direkt aus, fordert aber für Modelle von Valentino, Kathleen Madden, Chiemsee, Joop oder Jet-Set gepfefferten Tribut nach dem Motto: Wer eh' schon segelt oder golft, wird am Kragen nicht sparen…

68 Yvonne Rohé (b5)

07001 Palma; Plaça d'es Mercat 1, Tel. 971/72 09 95, Mo-Fr 10-13.30+17-20, Sa 10-13.30 Uhr

Fließende Formen, leuchtende Farben: „Manou"

Ausgesuchte Kreationen aus London und Mailand neben eigenen Schöpfungen: Schmuck und Accessoires sind selbstentworfen. Auch die Schuhe haben einen special touch.

69 Sheila's (b5)

07012 Palma; Plaça Juan Carlos 1, Principal 1a, Tel. 971/71 31 78, Mo-Fr 10-13.30+17-20, Sa 10-13.30 Uhr

Sabrinas neue Kleider: „Sheila's"

Sabrinas Sortiment (Lili Farouche, Nicowa) ist wie ihre eigene Garderobe: schlank geschnitten und schrill. Ihr Laden ist außerdem Treffpunkt der gutgelaunten Partyszene.

70 Zara's (b5/C2)

07012 Palma; Passeig Born & Centro Porto Pi, Tel. 971/71 98 28, Mo-Fr 10-13.30 +17-20, Sa 10-13.30 Uhr

Stöbern im Stadtpalast auf drei Etagen, ideal für alle, die T-Shirts, Shorts oder Strandkleidchen suchen: Bei der Auswahl wird ganz bestimmt jede(r) fündig.

Einer der schönsten Interieurshops auf der Insel. Namhafte Produktlinien, z.B. Designers Guild, sind ebenso im Angebot wie kostbares Kunsthandwerk, Arbeiten internationaler Künstler und kompetente Beratung.

Produktmix

🟠 Arlis (C4)

Llucmajor; Ronda de Migjorn 80, Tel. 971/12 06 37, Mo-Fr 10.30-14+16.30-20, Sa, So 10.30-13.30 Uhr

Diese Umweg lohnt sich ganz bestimmt: An der Straße nach Campos liegt ein Wunderland für Liebhaber des schöneren Wohnens. Antiquitäten, Stoffe, Accessoires und exquisite Souvenirs sind ebenso käuflich wie die ausgestellten Werke mallorquinischer Künstler.

🟠 El Bazar des Libro (c5)

07002 Palma; C/. Santo Christo 4, kein Tel., Mo-Fr 10-13.30+17-20, Sa 10-13.30 Uhr

Werbeposter, antiquarische Bücher und langgesuchte Vinyl-Scheiben harren hier ihrer neuen Besitzer. Ein Muß für Sammler.

🟠 Es Centre (C5)

Felanitx; C/. Soledad 12, Tel. 971/82 71 39, Mo-Fr 10-13.30+17-20, Sa 10-13.30 Uhr

🟠 Coconut Company (C5)

Manacor; Ctra. Palma-Arta, Tel. 971/55 52 57, Mo-Fr 10-13.30+17-20, Sa 10-13.30 Uhr

Manacor ist die Stadt der Möbel und „Coconut" eine der besten Adressen für preiswertes mediterranes Wohndesign: Korbmöbel, Stoffe, Lampen, Teppiche, Mitbringsel…

Zur ewigen Erinnerung an den Mallorca-Urlaub: Vasen bei „Arlis"

🟠 Galeries Mestre Paco S.L. (A4)

Pollenca; Rotonda Ca'n Berenguer, Tel. 971/53 43 70, Mo-Fr 10-14+17-20, Sa 10-14 Uhr

Der gelernte Tischler erfüllt individuelle Wünsche rund um Holzmöbel aller Art, von Restaurierung bis zum Neubau.

Produktmix

76 Herederos de Vicente Juan Ribas (b5)

07001 Palma; San Nicolas 10, Mo-Fr 10-13.30+17-20, Sa 10-13.30 Uhr

Traditionsbewußte Mallorquiner kaufen handgewebte Stoffe nur hier – und schneidern selbst. Die Auswahl umfaßt Material für Kleider, Gardinen, Überwürfe etc. in allen möglichen Mustern.

77 Projects (C1)

Port d'Andratx; Calle Isaac Peral 8, Tel. 971/67 42 98, Mo-Fr 10-13.30+17-20, Sa 10-14 Uhr

Husky Simba liegt als Markenzeichen im Korbsessel vor der Tür. „Herrchen" Gerd Hundemers Konzept (mediterran, schlicht, edel) ist z.B. in Claudia Schiffers Haus unübersehbar, geht aber in deutschen Wohnungen auch auf.

Wo Claudia sich nach Konzept einrichten läßt: „Projects"

78 Buon Dia (C5)

Felanitx; C/. Ses Eres 6, Tel. 971/58 32 52, Mo-Fr 10-13.30+17-20, Sa 10-13.30 Uhr

Mallorca literarisch: Jede Menge Bücher über die Insel, Kinderbücher in deutsch oder spanisch und die Titel der *Spiegel*-Bestsellerliste sind großteils auf Lager. Die deutsche Inhaberin, bestellt jeden Roman innerhalb weniger Tage.

79 Runaway (b4)

07012 Palma; Costa de Santa Creu, Tel. 971/71 53 29, Mo-Fr 10-13.30+17-20, Sa 10-13 Uhr

Einer der wenigen Plattenshops, die sich noch ein Vinylsortiment leisten, und in denen Sammler gute Chancen auf ein Erfolgserlebnis haben. Wer aktuelle CD-Produktionen sucht, sieht sich besser im Kaufhaus „Corte Ingles" oder im „Centro Porto Pi" um, wo eine ganz ordentliche Auswahl geboten ist.

80 Perlas de Majorica (C5)

Manacor; Av. Majorica 7, kein Tel., Mo-Fr 10-13.30+17-20, Sa 10-13.30 Uhr (während der Saison auch länger + So)

Seit 1890 werden in Manacor Kunstperlen aller Art gefertigt. Kistenweise stapeln sich die Kleinode, die (Hersteller-) Preise sind konkurrenzlos günstig.

Der Bilderbuchbahnhof dient heute als Ausstellungsraum oder Bühne. Außer Mittwochs: dann ist Viehmarkt. Tip: Das herrlich frische Gebäck im Café probieren!

81 Auditorium Palma (c2)

07014 Palma; Passeig Maritim 18, Tel. 971/73 53 28

Theater, Ballet, Oper, Konzert: Ein Großteil aller kultureller Events steigt im Auditorium. Die Halle (knapp 2000 Plätze) ist bei Konzerten großer Stars oder des Balearenorchesters fast immer ausverkauft.

82 Bahnhof Sineu (B4)

Von Palma Ri. Osten über Algaida und Lloret de Vista Alegre nach Sineu

83 Cultura y Culina Son Baulo (B4)

Lloret de Vista Alegre, Tel. 971/52 42 06

Vernissage, Klavierkonzert oder Tangokurs gefällig? Volles Kulturprogramm plus Kost und Logis (separat buchbar).

84 Fundacio Pilar y Joan Miro (C2)

07015 Palma; C/. Juan de Saridakis, 30-31, Tel. 971/70 14 20, Di-Sa 10-19, So 10-15 (Apr-Okt), Di-Sa 11-19, So 11-15 Uhr (Nov-März), Eintritt 700 Ptas

Ein Großteil von Miros Werken ist in seiner Lieblingsstadt zu sehen.

85 Galeria d'Art S'Escala 3 (C5)

Felanitx; C/. de sa Plaça 3, Darius, Tel. 971/58 02 20, Di-Fr 9-13, So 10-13 Uhr

In dem traditionell künstlerfreundlichen Dorf locken außer dieser sehenswerten auch noch viele andere interessante Galerien.

Kultur in vollen Zügen genießen: Im Bahnhof von Sineu

Fabeltier für die Lieblingsstadt: Miro-Skulptur in Palma

Die Expertin rückt Kunst ins rechte Licht: Joanna Kunstmann

86 Hella Maria Höfer (C1)

Port d'Andratx; C/. Isaac Peral 52, Tel. 971/67 43 00, Öffnungszeiten auf Anfrage

Ihre Vernissagen sind feste Termine in den Kalendern der Kunstfreunde von Andratx. Gezeigt werden Gemälde und Skulpturen zeitgenössischer Künstler aus aller Welt.

87 Galerie Joanna Kunstmann (D5)

Santanyi; Plaça Canal 16, Tel. 971/16 32 29, Öffnungszeiten auf Anfrage

Sechs Ausstellungen pro Jahr organisiert die Grand Dame der Moderne. Breite Preispalette.

88 Multicines Porto Pi (C2)

07001 Palma; Av. Gabriel Roca 54, Tel. 971/40 30 00

Palmas Kinopalast kann sich mit jedem Multiplex messen. Das Programm umfaßt die übliche Kost aus den großen Studios. Bloß sprechen die Helden hier mal spanisch…

89 Museu de Mallorca (c5)

07001 Palma; C./ del Miramar 5, Tel. 971/ 71 75 40, Mo-Sa 10-14+16-19, So 10-14 Uhr, Eintritt ab 300 Ptas

Mallorcas Wandel vom Piratennest zum Urlaubsparadies ist hier dokumentiert. Wer sich grob informieren will, weiß nach ca. 4 Stunden mehr, Genießer bleiben länger.

90 Teatre Prinzipal Palma (b5)

07012 Palma; Carrer de la Riera 2a, Tel. 971/71 33 46

Montserrat Caballé singt oft im alten Gemäuer des Teatre, neben Opern gehen auch Ballett, Theater oder Konzerte über diese Bühne – mit Spartentrennung nehmen es die Palmesen nicht so genau.

91 Bahia d'Alcudia (A5)

Alcudia, 123 v. Chr. gegründet ist die älteste Stadt Mallorcas. Und bietet neben imposanten Mauerresten auch einen schönen Strand: mit 25 Kilometern die längste Badebucht der Insel.

92 Coves del Drach (C6)

Porto Cristo; Tel. 971/ 82 07 53, tgl. 10-17 Uhr (Apr-Okt), Eintritt 900 Ptas

Attraktion der Drachenhöhlen ist der unterirdische See: Ein Boot chauffiert die Besucher bei klassischer Musik zwischen den Ufern hin und her. Konzert zu jeder vollen Stunde.

93 Deja (B2)

Das Bergdorf Deja gehört zu jenen pittoresken Orten, die Maler und Touristen verzaubern: Der alte Ortskern, die Hügel und das Wasser leuchten in intensiven Farben.

94 Sa Dragonera (C1)

Verschiedene Bootstouren-Anbieter in Port d'Andratx und Sant Elm

Die kleine Dracheninsel vor dem Ufer von Sant Elm wurde 1995 zum Nationalpark erklärt und blieb so von touristischer Bebauung verschont. Einige seltene Vogelarten sind auf der bizarr geformten Insel heimisch. Am besten eine geführte Bootstour buchen.

95 Botanicactus (D4)

Ctra. Ses Salines a Santanyi, s/n Ses Salines, Tel. 971/64 94 94, tgl. 9-19.30 (Feb-Nov) bzw. 9-17.30 Uhr (Dez+Jan)

Die alte Schlagerschnulze von der „Kakteen-Lucy" mag manchem Besucher beim Anblick der zahllosen Stachelpflanzenarten in den Sinn kommen. Dieser Garten bietet die weltweit größte Sammlung jener Spezies auf einem Fleck. Und wer schon immer mal wissen wollte, was außer „Schwiegermutterstuhl" und Wüstenflänzchen sonst noch Blüten zwischen mehr oder minder spitzen Dornen treibt, sollte gleich einen ganzen Tag für die ausgiebige Besichtigungstour einplanen.

Dorfkirche und unberührte Natur: in Deja

Es leuchtet rot wenn die Kakteen blühen: im Botanicatus

Exklusiv

96 El Buceo (C1)

Tauchen: Port d'Andratx; Av. G. Roca 42, Tel. 971/67 42 17
Das Tauchcenter stellt das komplette Equipment zur Verfügung. Fehlt nur noch ein ärztliches Attest (gibt's notfalls vor Ort) und dann geht's ab in die Tiefe.

Klassischer Flugball: Golf im Club Pula

97 Golfclub Pula (B6)

Son Servera; Tel. 971/81 70 34
Besonders charming ist das Clubhaus in einer alten Finca, das Super-Restaurant „Sera de Pula" liegt gleich nebenan. Greenfee: 8500 Ptas, 18 Löcher, 6003 Meter, Par 71.

98 Schönheitsfarm Ana Maria Ruppert (C1)

Andratx; Cami Coll d'en Boix 10, Apartado 31, Tel. 971/13 64 82
Wer unter Sonnenallergie leidet oder sich sonst verwöhnen will, nehme Massage, Peeling, kühle Kräutermasken etc. in dieser Villa auf dem Hügel mit Blick über Andratx.

Auch für Schönheit, die von innen kommt, wird bei Ana Maria Ruppert gesorgt.

99 Tennis- und Sportclub Peguera (C1)

Grand Slam Tennisschule, Peguera; C/. Joaquin Blume, Tel. 971/68 77 16
Einen prominenten Trainer von Weltrang kann nicht jeder Tennisclub vorweisen. Steffi Grafs Ex-Coach Pavel Slozil weiß, wie man am schnellsten lernt. Wer vom schweißtreibenden Ballsport (auch Anfängerkurse) genug hat, hüpft in den Pool. Oder – im Winter – danach noch in die Sauna.

100 Es Trenc (D4)

Nirgends sonst ist der Sand so fein und weiß, nirgends sonst ist das Wasser so klar wie im Süden Mallorcas am Naturstrand Es Trenc. Streckenweise kann der FKK-Fan unbegafft die blanke Haut ins UV-Licht halten. Auch Kinder und Schnorchler fühlen sich in den paradiesischen Gefilden pudelwohl.

Klima

Mallorca ist der Ort, wo Himmel und Wasser um die Wette glänzen – und zwar fast das ganze Jahr lang. Auch im Winter locken die Strände Spaziergänger, asten Radprofis und -amateure schweratmend durch die Berge und bauen Kinder Sandburgen. Wenn's tatsächlich mal regnet, hält der Spuk meist nicht lange an. Für alle Fälle aber gibt's immer genug Bars, Cafés, Museen und Shops, in denen man sich einen trüben Tag vertreiben kann.

Das Cabrio des Postboten: Motorroller

Quelle: Datensammlung GEORISK GmbH

	Tagestemp. in °C	Nachttemp. in °C	Sonnenstunden	Regentage	Relative Luftfeuchte in %
Jan.	14	6	158	8	78
Feb.	15	6	171	6	76
März	17	8	200	8	75
April	19	10	229	5	72
Mai	22	13	298	5	72
Juni	26	17	311	3	68
Juli	29	20	355	1	68
Aug.	29	20	331	3	70
Sept.	27	18	239	6	74
Okt.	22	14	196	9	77
Nov.	18	10	166	8	78
Dez.	15	8	141	9	77

IMPRESSUM Herausgeber Dirk Manthey **Chefredakteur Max** Uwe Killing **Redaktion City Guide** Nicole Jansen **Autorin** Andrea Müller **Fotos** Ariadne Ahrens, Joerg Lehmann, Thomas Veszelits **Layout** Mone Denecke **Herstellung** Inka Sievers **Karte** Studio für Landkartentechnik Maiwald, 22848 Norderstedt **Verlag** MAX GmbH & Co. KG, Milchstr. 1, 20148 Hamburg **Litho** Reprostudio Beckmann, 22203 Hamburg **Druck** Druckhaus Kaufmann, 77933 Lahr
©1998 für alle Beiträge beim Verlag

Alles über die Insel

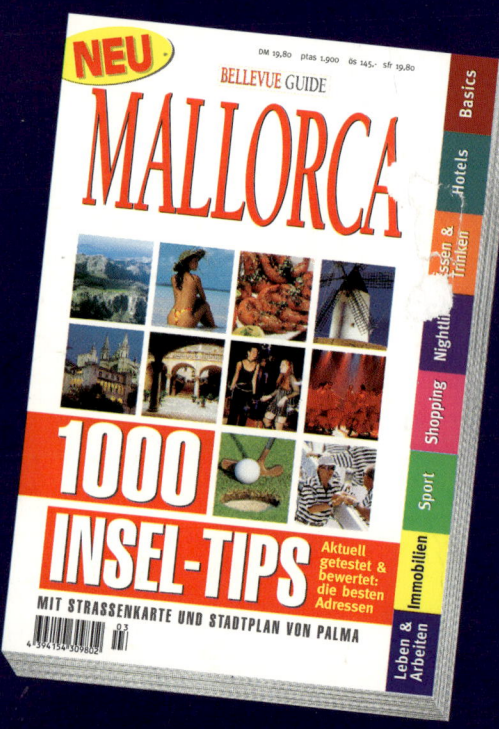